"地域一番" 美容院 開業・経営のすべて

最新版

やまうち よしなり

同文舘出版

はじめに

私も、かつて、美容室開業の夢を叶えた1人です。

「美容室を開業する」という夢を叶えるために、生まれてはじめて、「事業資金」という、とても大きな借入れをしました。

「これほどの借金をしたものの、本当に返済できるだろうか？」「もしも、うまくいかなければ、どうなってしまうのだろうか？」

今、振り返っても身震いするほど、緊張の連続であった当時の記憶が蘇ります。

私が開業に至るまでの経緯を、少し語らせてください。

美容室で働きながら美容学校を卒業し、その数年後、店舗リーダーとしてお店を任されるようになりました。結婚を機に美容室の開業を検討しましたが、資金的な理由でやむなく断念。当時は出店ラッシュによる慢性的な美容師不足であったことから、美容師紹介事業を立ち上げました。順調に経営を軌道に乗せたものの、どうしても美容室経営の夢をあきらめることができませんでした。

そこで考え抜いた末に、すべてをリセットし、自分が理想とする美容室を開業しようと決意したのです。

それまでの経験から、美容室経営に関する知識は十分に持ち合わせているつもりでした。ところが、いざ開業準備に取り掛かり、そこではじめて「まだテナントも決まっていないゼロの状態からオープンに至るまでの開業知識がほとんどない」ということに、遅まきながら気がついたのです。開業に関する知識があまりにも乏しかったために、「オープンに向けて、いったい何から手をつければよいのか？」とパニックに陥り、自分のふがいなさに憤りを感じるありさまでした。

そこで、開業に関する書籍を読みあさり、さまざまなセミナーにも参加しました。しかし、私が知りたい情報を十分に得ることはできませんでした。私が一番知りたかったのは「どうしたら、オープンからより多くのお客様に来店いただくことができるか？」「どうしたら、リピート率を高めることができるのか？」といった、開業した店を早く安定軌道に乗せるための、より具体的で、より実践的な情報でした。

日本の中小零細企業は、起業してわずか1年の間に約60％が廃業し、5年以内に80％、そして10年以内となると、なんと95％が廃業するといわれています。つまり、開業した美容室100店のうち、10年後に存続しているのはわずか5店ということになります。

開業は、あくまでスタートラインにすぎません。重要なのは「開業する」ことではなく、「長期にわたって安定した収益を確保し、経営を継続する」ことです。ますます経営環境が厳しくなっている美容業界の現状を考えると、開業における基本的な事項を学ぶだけで成功するほど、美容室経営は甘くはないと考えておくべきです。

はじめに

本書は、平成18年に発行した『"地域一番"美容院 開業・経営のすべて』の最新版です。初版の原稿執筆時、全国の美容室件数は21万5719件で、1世帯あたりのパーマおよびカット代金の年間支出額は1万1589円でした。

これが平成24年度になると、全国の美容室件数は23万1134件へと増えています。一方で、1世帯あたりのパーマおよびカット代金の年間支出額は平成22年の調査によると1万650円へと減少しているのです(厚生省国民生活基礎調査、総務省家計調査)。

今後はさらに少子高齢化が進み、「生産年齢人口」が減少局面となるので、サロン経営者がますます厳しい状況に置かれることは間違いありません。

そうした状況で、どこに一番力を入れるべきなのか? 多くのオーナーは「スタッフ育成」であると感じているはずです。本書では、「高いレベルのサービスを提供して、顧客満足度を高めることができるスタッフ」へと導く教育のポイントとその具体的方法を、ページの許す限りふんだんに紹介しました。少しでも、お役に立ちましたら幸いです。

JSC美容室経営総合研究所代表　やまうち　よしなり

最新版 "地域一番" 美容院 開業・経営のすべて　もくじ

はじめに

CHAPTER 1 必ず押さえておきたい独立開業の基礎知識

1 成功への第一歩、「独立開業する」と決める……14
2 美容室の経営者になるということ……16
3 退社してからの開業準備はリスクが高い……18
4 開業準備の中身を頭に入れておこう……20
5 独立開業をサクサク進める「開業ノート」……22
6 オープンまでの流れを頭に入れておく①……24
7 オープンまでの流れを頭に入れておく②……26
8 ランチェスターの法則から「戦い方」が見えてくる……28
9 オールマイティでは集客できない……30
10 サロンコンセプトはこうして導き出す……32

CONTENTS

CHAPTER 2 お客様が足を運びたくなるテナントと店舗内装

1 立地選びの基礎知識 ……… 36
2 カンはNG！数値から市場を読みとる ……… 38
3 市場調査のポイント ……… 40
4 戦略を立てる前に敵を知る ……… 42
5 消費者の声に耳を傾ければ戦略が見えてくる ……… 44
6 失敗しないテナント選びのポイント ……… 46
7 テナント選びは消費者心理を味方につける ……… 48
8 視認性と入りやすさを必ずチェック ……… 50
9 テナント内見ではここをチェック ……… 52
10 テナント賃貸契約のポイント ……… 54
11 経験者から学ぶ、内装の注意点 ……… 56
12 満足度を高める店舗内装のポイント ……… 58
13 押さえておくべき照明の基礎知識 ……… 60
14 お客様が足を運んでみたくなる看板とサイン ……… 62

これだけは知っておきたい開業融資の知識

1. 開業を決意した方のための資金調達……66
2. はじめての開業は個人経営？ 法人経営？……68
3. 開業準備費用はすべて経費となる……70
4. 開業までの経費はこう捉える……72
5. 融資の種類と融資の受け方……74
6. 「創業計画書」作成のポイント……76
7. 平均的な経費バランスを把握しておく……80
8. 知っておきたいリースの注意点……82
9. 知っておきたい貸借対照表……84
10. 損益計算書は店の成績表……86
11. 必ず押さえておきたい労働生産性……88

CONTENTS

サロンの将来を左右する！ オープニング戦略

1 テナント契約後のスケジュール ……… 92
2 オープン集客の重要性を再確認 ……… 94
3 オープン前からお客様を獲得しよう ……… 96
4 オープン挨拶でご近所を味方につけよう ……… 98
5 「内覧会」でオープン客を確実に確保する ……… 100
6 オープニングチラシ作成のポイント ……… 102
7 オープニングチラシ作成の基礎知識 ……… 104
8 オープニングセレモニーは3回行なう ……… 106
9 オープニングの注意点 ……… 108

CHAPTER 5 はじめてのスタッフ採用と注意点

1. オープニングスタッフ募集のポイント……112
2. 効果的な新卒募集法……114
3. 面接・採用のポイント……116
4. サロンルールでオープニングスタッフをまとめる……118
5. 朝礼・終礼は必ず行なう……120
6. ミーティングでモチベーションを高める……122
7. スタッフの売上目標を設定する……124
8. 知っておきたい給与形態のポイント……126
9. 突然のスタッフ退社のリスクにこう備える……128
10. 業務委託という新しい関係……130

CONTENTS

売上アップの基本を押さえておこう

1 売上アップは「客単価×客数×回転率」……134
2 お客様の「層」を知ろう……136
3 上位20％のお客様攻略法……138
4 中位60％、下位20％のお客様攻略法……140
5 客数から考える傾向と対策……142
6 ライフサイクル別戦略……144
7 企画を成功させる"PDCA"……146
8 メニューにひと工夫して価値を上げる……148
9 新メニューで客単価速攻アップ……150
10 新メニューはこうして軌道に乗せる……152
11 年間計画でお客様を楽しませよう……154
12 年3回のアプローチで客数アップ……156
13 顧客別販促チケットで365日キャンペーン……158

CHAPTER 8
スタッフのカウンセリング力を高め、リピート率をアップするツールの徹底活用法

1. ツールの徹底活用で、お客様満足度を高める …… 176
2. ツールを活用してお客様の不満に耳を傾ける …… 178

CHAPTER 7
新規集客から口コミにつなげるオープン後の集客

1. オープン来店客に口コミしてもらおう …… 162
2. 「より満足」を求める消費者は必ず検索 …… 164
3. 「お褒めの言葉」を活用し、さらに集客しよう …… 166
4. HPの目的を新規集客に絞る …… 168
5. 来店につながるHPのコンテンツ …… 170
6. HPに消費者を呼び込む「2ステップ集客」 …… 172

CONTENTS

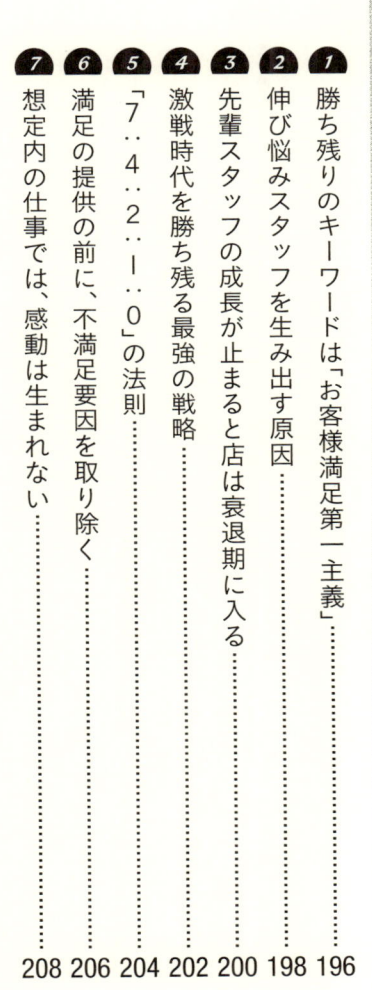

CHAPTER 9 伸び悩みスタッフを生み出さない！スキルアップ教育の前に知っておきたいこと

1 勝ち残りのキーワードは「お客様満足第一主義」……196
2 伸び悩みスタッフを生み出す原因……198
3 先輩スタッフの成長が止まると店は衰退期に入る……200
4 激戦時代を勝ち残る最強の戦略……202
5 「7::4::2::1::0」の法則……204
6 満足の提供の前に、不満足要因を取り除く……206
7 想定内の仕事では、感動は生まれない……208

3 新規客専用カウンセリングシート」の徹底活用……180
4 「リピート率アップカルテ」でお客様満足度を上げる……182
5 「失客率ダウンカルテ」で甘えを防ぐ……183
6 「年間スタイル提案カルテ」で信頼関係を強固にする……188
7 「技術レター」でリピート率を確実に上げる……189

8 口コミされるには、特徴をひと言で表現する		210
9 口コミされるスタッフには信念がある		212
10 スタッフの特徴を打ち出せばファン客が増える		214
11 スタッフが成長するために必要なこと		216

あとがきに代えて

カバーデザイン　柳本あかね
本文デザイン・DTP　メディファーム
本文イラスト　佐々木麗奈

CHAPTER 1 必ず押さえておきたい独立開業の基礎知識

1 成功への第一歩、「独立開業する」と決める

「いつか、独立したい」「できたら、独立したい」

こうした曖昧な表現で将来の夢を語っている限り、独立開業の夢を叶えることはできません。

美容室オーナーとなるためのエントリーシートは、「独立開業をする」と、本気で決心した方だけが手に入れることができる特権なのです。

♣ 開業の決意をしなければ、行動に移せない

独立開業の夢を叶える方と、独立開業を夢のままで終わらせてしまう方、両者の違いは能力の違いではありません。夢を叶える方とは「独立開業をすると決心することができた人」。夢のままで終わらせてしまう方とは「独立開業をすると決心することができなかった人」。それだけの違いにすぎません。

「独立開業をする」と決心した方は、その時から必然的に、どんなことをいつまでにしなければならないのかという、開業に向けた準備事項とタイムスケジュールを具体化して行動に移さなくてはなりません。

一方、「できたら独立開業をしたい」と夢を語っている方は、いつまでたっても、独立開業に向けて行動を起こすことはありません。

♣ 自分本位な開業では成功できない

では、「独立開業をする」と決心した方に質問をさせていただきます。あなたが独立開業をしようとする、その目的を聞かせていただけませんか？

もし、独立開業の最大の目的が「お金持ちになりたい」であるなら、残念ながら望む結果にならない可能性が高いと推測できます。その理由は「お金持ちになりたい」という気持ちが強い方は、開業に向けてのあらゆる準備の主人公が「お客様」ではなく、「自分」となりがちだからです。その結果、お客様から共感を得にくい、自己満足型の開業となりがちです。

開業した店が繁栄するかどうか、それを決めるのはお客様です。「お客様満足を最優先する」、これが、繁栄サロンをめざすあなたへのメッセージです。

■■■　独立開業目標年月　■■■

私は、独立開業すると本気で決意しました。

　　　年　　月　　日　氏名　　　　　　　　　　

　　年　　月の開業をめどとして、オープンに向けた準備を行なっていきます。

──── 独立開業の決意表明 ────

独立開業の決意ができたら、その決意が本物である証を書き込んでください

「独立への炎」

独立の炎を燃やし続け、そして実際に行動に移した者だけが
輝く将来の可能性という宝石箱を開けるマスターキーを
手に入れる資格ができるのです。
「自分の人生は、自分で切り開くしかありません」
あなたの今後の人生。それを決めるのは、あなた自身なのです。

2 美容室の経営者になるということ

独立開業を真剣に検討している方の多くは、美容師として経験を十分に積み、能力を兼ね備えている方、店舗リーダー、マネージャーとして教育や経営に関わるなど、相応のキャリアと実績をお持ちの方だと思います。そんな皆さんに、開業準備に取り掛かる前に耳を傾けていただきたいことがあります。

♣ これまでの経験は経営全体のほんの一部

それは、これまでの自分の経験と実績を過信してはならないということです。これまで実績を上げることができたのは、勤務先のオーナーが築き上げた環境があったからこそであり、そのすべてが自分の実力ではありません。

これまでに経験した職務はすべて、従業員の立場で、美容室経営全体のほんの一部に携わったにすぎません。サロンオーナーになるということは、自ら借入金という大きなリスクを背負い、自らテナントを探し、自ら集客戦略を検討し、自らスタッフを教育し、資金

繰りに至るまで、すべて1人で行なわなければなりません。つまり、これから開業準備を進める上で、これまでに経験したことがない重要な決断を自らの責任において下さなければならないということです。

♣ 「知らない」とは、経営者にとってリスクにつながる

すでにできあがった状態の美容室についての知識は十分でも、まだ場所も決まっていない白紙の状態からテナントを契約し、オープンに至るまでの経験がまったくないということを忘れてはいけません。

「知らない」ということは、経営する上でのリスクとなります。より正しい最終判断を下すためにも、経営全般に関する知識や情報をできるだけ多くインプットしておくことが、リスク回避につながるのです。経営者という立場になると、耳の痛いアドバイスや助言をしてくれる人は少なくなります。「備えあれば憂いなし」の精神で、謙虚に学ぶ姿勢で開業準備を進めましょう。

経営者に必要な5つのスキル

スキル	質問	◎	○	△	×
現場力	自分の都合をお客様に押しつけない				
	自分の都合をスタッフに押しつけない				
	お客様満足第一主義				
	店全体のメリットを最優先させる				
	自ら率先して行動する				
指示力	怒るのではなく、考えや想いを伝える				
	言葉で伝えるだけでなく、自ら手本を見せる				
	相手のレベルに合わせて、相手が理解できるように伝える				
	そうしなければならない理由を合わせて伝える				
	指示されて、心地よく返事ができるような言葉を選ぶ				
管理力	目標を具体的に立てる				
	報告・連絡・相談をこまめに行なう				
	数年先のあるべき姿・求める姿を明確に示す				
	さまざまなデータを数値として可能な限り見える化する				
	問題点は、小さなうちに議論しルール化する				
情報力	異業種の人と交流を広める				
	書店に定期的に足を運び、絶えず情報収集を心がける				
	新商品は必ず自分でチェックする				
	お客様の声に謙虚に耳を傾ける				
	人気店、ライバル店のホームページ・情報をチェックする				
創造力	スタッフに理念を浸透させ、ミッションを自覚させる				
	常に、最新のトレンド情報にアンテナをはる				
	マンネリを防ぎ、お客様を飽きさせない				
	普通レベルのお客様満足の提供で妥協しない				
	現状に満足することなく、いつものやり方を疑ってみる				

×はゼロにするようにしましょう。△は改善のための具体策を書き出しておいて、今後の検討課題としましょう。

3 退社してからの開業準備はリスクが高い

勤務している美容室を退社してから、本格的に開業準備に取り掛かろうと考えている方も多いと思います。しかし、この方法は、大きなリスクを伴います。

これが、退社してからテナント探しを開始する方の、典型的な"後悔事例"です。

「早くテナントを探さなければ」という焦りへとつながり、妥協して契約を結んでしまう傾向があります。

♣ 成功のカギは立地。焦って決めると失敗する

美容室開業における成否の70％は、店舗立地で決まると言われています。それほど、テナント選定は重要であるということです。理想とするテナントは、そう簡単に次から次へと出てくるものではありませんから、集客できるテナント、失敗しないテナントを探すには、時間的、気持ち的ゆとりが必要です。

言うまでもなく、好立地のテナントは、職種を問わず多くの出店希望者が狙っていますから、「このテナントに決める」と最終決定に至るまでに時間がかかると、他の出店希望者が契約の話を進めているケースもあります。退社してからのテナント探しは、開業資金となる大切な自己資金を使いながら、理想のテナントを探すということです。それが、時間の経過とともに

♣ 勤務先サロンへの配慮を忘れない

もうひとつ、確認しておきたいのは、お世話になった勤務先サロンを退社する上での注意点です。「立つ鳥跡を濁さず」の精神で、以下のケースは慎むべきです。

①担当していたお客様には後任を紹介し、引き継ぐ
②お世話になったサロンと同じ商圏には出店しない
③お世話になったサロンのスタッフを引き抜かない
④オーナーに退社の意志を早めに伝えた上で、できるだけ迷惑をかけないように最大限の配慮をして、円満退社を心がける

広いようで狭い業界ですから、くれぐれも、順守していただきたいと思います。

1章 ● 必ず押さえておきたい独立開業の基礎知識

退社してからの独立準備では遅い！

在職中からはじめる独立準備

- 収入を確保しながら、独立準備をすることができる
- じっくりと市場調査などの各種調査を行なうことができる
- じっくりと理想のテナントを探すことができる
- ほとんどの独立の事前準備を在職中にすませることができる
- オープンまで十分に時間があり、オープン販促にしっかりと時間をかけることができる

退社してからはじめる独立準備

- 収入が途絶えるため、出店のための自己資金を食いつぶす
- 市場調査などの各種調査を行なう時間的余裕がほとんどない
- テナント探しの焦り、妥協につながりやすい
- 独立の事前準備が何も終わっていない
- オープンまでの時間が非常に少ないため、オープン販促がおろそかになる

独立退社の3つの最低ルール

✓ お客様の引き継ぎをきちんと行なうこと
✓ お世話になったお店の同一商圏には出店しないこと
✓ スタッフを引き抜かないこと

独立出店者アンケート調査

①もっと経営の勉強をしておくべきだったと思いますか？

NO 2%
YES 98%

④出店にあたり十分な市場調査をしたと思いますか？
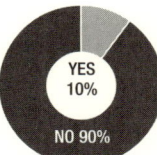
YES 10%
NO 90%

②出店にあたり十分な競合店調査ができたと思いますか？
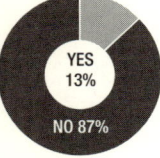
YES 13%
NO 87%

⑤満足のいくオープン販促を行なうことができましたか？
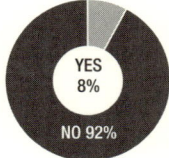
YES 8%
NO 92%

③②の理由は？
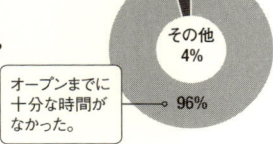
その他 4%
オープンまでに十分な時間がなかった。 96%

⑥⑤の理由は？
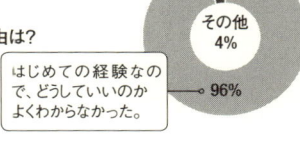
その他 4%
はじめての経験なので、どうしていいのかよくわからなかった。 96%

ジャパンスタッフクリエイション調べ

4 開業準備の中身を頭に入れておこう

意外に思われるかもしれませんが、開業された方の多くは、同じ所で、同じようにつまずいています。ということは、これから開業準備に取り掛かる方も、同じ所で同じようにつまずく可能性が高いと言えます。

多くの先輩オーナーに共通する反省点は、独立開業に関する知識が不十分であったために、オープン前に「どんなことを・いつまでに・どのように準備するのか」が、頭の中で整理されていなかったということです。

実際、「開業する」と決心したものの、いざ準備に取り掛かろうとすると、具体的に何からどのように手をつければよいのか、ほとんどの方が戸惑うはずです。

多くの先輩オーナーと同じ間違いをしないためには、「開業準備とは、どんなことを行なうのか?」を具体的に理解しておく必要があります。

開業準備は、大きく左の5つに分類できます。それぞれの項目における具体的な準備事項を把握しておきましょう。その上で、それらを「どのようなタイムスケジュールで進めればよいのか?」という、時間的な側面も頭に入れておく必要があります。

左の開業準備事項を見ると、テナントを契約した時点から、オープンに向けての準備が一気に集中するということがわかるはずです。これが、多くの方がパニックに陥る原因です。

✤ 準備の80%をテナント決定前に済ませる

もうひとつ重要なこと、開業準備を具体的に細分化すると、準備事項のうち約80%は、テナント決定の前に取りかかれる事務的なことばかり、ということにも気づいていただけるはずです。

つまり、テナント契約をするまでに、開業準備の80%を済ませておくことができるのです。これが、経験者でなければ教えることができない、開業準備をスムーズに進めるための重要なポイントです。

「独立開業を決意したその時からおよそ1年後」をオープンの目安として、時間的、精神的なゆとりをもって取り組むことが、失敗しない独立開業のコツです。

オープン準備の中身を大きく把握しておく

①出店エリアを決めてテナントを探す準備

- ☐ 開業に際しサロンコンセプトを検討する
- ☐ 出店エリア候補地を選定する
- ☐ 選定した出店エリア候補地で各種調査を行なう
- ☐ テナントに関する情報を収集し足を運ぶ
- ☐ テナント契約に係る連帯保証人を探す

②テナントを契約し、内装・外装工事、什器備品、その他店舗設備全般に関する準備

- ☐ テナント契約を交わす
- ☐ 内装・外装全般の希望プランを作成する
- ☐ 店舗デザイン・設計業者を探す
- ☐ 必要となる什器備品を具体的にする
- ☐ 取引ディーラーを決める
- ☐ 店名を決め、電話番号を取得する

③開業資金の借入手続き

- ☐ メインバンクを決めて開業相談に行く
- ☐ 日本政策金融公庫に開業相談に行く
- ☐ 融資を受ける上で連帯保証人を探す
- ☐ 融資申請に必要な創業計画書を作成する

④お客様を集客し、固定化するための準備

- ☐ チラシ・名刺・ショップカードの雛形作成
- ☐ メニュー・料金決定
- ☐ ホームページのコンテンツの検討

⑤スタッフ採用・教育・雇用に関する準備

- ☐ 給与規程・服務規程・マニュアル作成
- ☐ 求人募集媒体の選択、募集原稿の雛形作成

5 独立開業をサクサク進める「開業ノート」

テナントを契約してからオープンまでの期間は、一般的に、わずか1ヶ月ほどしかありません。はじめて開業を経験する方が、1ヶ月で万全のオープン準備を行なおうとすること自体にムリがあるのです。その結果、内装・外装・什器備品といった造作関係の準備に追われ、お客様を集客し、固定させるためのソフトの準備が不十分なまま、見切り発車オープンとなりがちです。

スムーズに開業準備を進めるコツは、開業準備専用の「開業ノート」を用意することです。「コンセプト」「店名」「市場調査」「テナント」「事業計画」「内装・外装」「什器・備品」「スタッフ採用教育」「オープン販促」「メニュー」と、開業準備事項のカテゴリーごとに分類した上で、それぞれ「いつまでに・何を・どのように行なうのか」、そして、アイデアやひらめいたことなどを、どんどんノートに書き込んでいきます。この作業を繰り返すことで、漠然としていた考えが次第に具体化するはずです。また、開業準備をカテゴリー別にしておくことで、それぞれの準備の進行状況が一目でわかり、混乱することなく開業準備を進められるはずです。

✤ テナント契約前にやっておくべき準備

では、テナント契約までに進めておくべき、80％の準備事項を紹介します。

「店名」は看板をはじめ、各種印刷物には必ず必要となるので、ロゴ、デザインまでを決めておきます。店内の備品、器材、材料、事務用品等は、必要個数、注文先、仕入単価を発注先ごとに一覧表にして保存しておきます。求人広告やチラシ、名刺等、各種印刷物の雛形も、あらかじめ作成しておきます。なお、これらはすべてパソコンに保存しておきます。同時に、広告媒体や発注業者を選定し、見積もりを済ませておきます。ここまで準備をしておけば、後は店舗の住所、電話番号を伝えるだけで準備が終了します。また、給与規程やマニュアル等も事前に雛形を作成しておきます。

■ 開業準備事項のカテゴリー

- ▶ サロンコンセプトのカテゴリー ──────── ニーズがある、共感を得られやすい、信念が伝わる
- ▶ 店名のカテゴリー ───────────── 覚えやすい、言いやすい、親しみを持てる、意図を説明しやすい
- ▶ 市場調査のカテゴリー ──────────── オープニング（経営）戦略
- ▶ テナントのカテゴリー ──────────── 入りやすいテナント、集客できるテナント
- ▶ 事業計画のカテゴリー ──────────── 創業計画書作成を念頭に入れて進める
- ▶ 内装・外装のカテゴリー ─────────── 雑誌の切り抜き、写真など可能な限り具体的に見える化
- ▶ 什器・備品のカテゴリー ─────────── 品名・品番・メーカー・単価・個数
- ▶ スタッフ採用教育のカテゴリー ────────── 雇用条件・給料規程・マニュアル・求人広告
- ▶ オープン販促のカテゴリー ────────── 内覧会・ドアコール・オープンチラシ（企画）
- ▶ メニュー・価格のカテゴリー ──────────── どうしてその価格なのか、自信を持ってお客様に説明できるか？
- ▶ 各種印刷物および発注先のカテゴリー ──── 名刺・ショップカード・メンバーズカードの雛形、発注先、予算
- ▶ ホームページ作成のカテゴリー ────────── コンテンツ、ライティングを業者まかせにしては集客できない

開店準備用品一覧表　　　　　　（カテゴリー　　　）（注文先　　　　）

品　名	品　番	個　数	単　価	小　計	合　計	備　考

6 オープンまでの流れを頭に入れておく①

万全の態勢でオープンを迎えるポイントは、スケジュールを正しく把握して開業準備を進めていくことです。

♣ オープン1年前～半年前にやるべきこと

オープン1年前：開業を決意したら、さまざまな業種の店舗運営・内装・販促・経営戦略等の情報収集を行ない、それらを参考に開業のイメージを固めていきます。参考になりそうな店舗デザインや照明などは、可能な限りカメラに収めておくと後で役立つはずです。

オープン10ヶ月前：サロンコンセプトを打ち出す 明確なサロンコンセプトを打ち出し、すべての開業準備はコンセプトに基づいて進めます。その結果、ブレない、統一感のある特徴を打ち出すことにつながります。

オープン8ヶ月前：事業計画を具体化、商圏調査 サロンコンセプトをベースとして、規模、セット面数、スタッフ数、技術料金（単価）をもとに資金計画、売上計画、返済計画を具体化していきます。この内容は、融資申請に必要な資料となります。そして、出店を検討している出店候補地域の商圏調査を開始します。

オープン7ヶ月前：テナント探し、競合店調査 商圏調査をもとに、テナント探しを開始します。家賃相場を把握するとともに、勝てるテナントのイメージを具体的にしていきます。同時に競合店や消費者への聞き取り調査を行ない、その地域で出店した場合、経営を軌道に乗せることができるかどうかを検討します。

オープン6ヶ月前：融資申請、設計施工業者の選定 メインバンクを決定するとともに、日本政策金融公庫に融資相談に行きます。融資申請から融資の実行まで1ヶ月程度かかるため、スケジュールには注意が必要です。施工業者を決めるには、美容室を専門とする業者であれば、ほぼ間違いがないはずです。過去の施工デザインを見せてもらうとデザインの傾向を把握することができます。

1年目
開業を決意する
- ▶ 経営者目線で、さまざまな業種の店舗運営・内装・販促・経営戦略を参考に開業のイメージを固める
- ▶ 開業に必要と考えられる情報収集を開始

10ヶ月前
サロンコンセプトを決める
- ▶ コンセプトを明確に打ち出すことで、すべてにおいて統一感のある特徴を打ち出すことにつながる

8ヶ月前
事業計画を具体化する／商圏調査を開始する
- ▶ サロンコンセプトをベースに、規模、セット面数、スタッフ数、技術料金（単価）をもとに資金計画、投資計画、売上計画、返済計画を具体的にしていく
- ▶ 出店希望エリアに優先順位をつけて、商圏調査を開始する

7ヶ月前
テナント探しを開始する／競合店調査、ヒヤリング調査
- ▶ 商圏調査をもとに、テナント探しを開始（勝てるテナントのイメージを具体的につかむ）。同時に競合店や消費者への聞き取り調査を行なう

6ヶ月前
融資申請を行なう／設計・施工業者選定
- ▶ メインバンク、日本政策金融公庫に融資相談に行く
- ▶ 融資申請から融資の実行まで約1ヶ月かかるため、スケジュールに注意する
- ▶ 設計・施工業者を絞り込む

7 オープンまでの流れを頭に入れておく②

✤ オープン準備は3ヶ月前から一気に集中

オープン3ヶ月前：テナント契約、予算の具体化、店舗レイアウトを決める　テナント契約を行なう前に、施工に問題がないテナントであるか確認をしてもらうと安心です。テナントを契約したら、ただちに融資申請の手続きを行ないます。この時に「創業計画書」と「設備、内装の見積り」が必要となりますので、事前に連帯保証人の了承を得ておく必要があります。また「連帯保証人」「テナントの契約書」も必要となりますので、事前に連帯保証人の了承を得ておく必要があります。融資が実行されて、正式に内装工事を発注するという運びとなります。一般的に工事は1ヶ月を目安にしておくとよいと思います。

オープン2ヶ月前：テナント工事開始、仕入先選定、什器備品　内装工事がはじまると同時に、オープンに向けて最終準備段階に入ります。工事中、ご近所の皆様に迷惑をかけることもあるかもしれません。工事に入る前に、ご近所には必ず挨拶に伺っておきます。工事中は、工事のお詫びとともにオープンのご案内を店頭に貼り出しておくことで、美容室のオープンが口コミで広がります。スタッフを募集する場合は、給与規程や雇用契約書を作成しておく必要があります。一度の募集で反応があるとは限らないので、早めに募集広告を出すと安心です。

オープン1ヶ月前：各種印刷物の発注、店内備品・材料・商品購入リスト確認　各種印刷物の内容を最終チェックして発注します。電話番号は、印刷に間に合うように取得しておく必要があります。備品、材料・商品購入リストに漏れがないか、オープンまでに納品が間に合うかどうか最終確認を行ないます。

オープン1週間前：店舗引き渡し、スタッフ研修教育、ドアコール、チラシ配布　短期間でスタッフの技術を統一するために教育マニュアルを作成しておきます。オープンチラシができ上がったら、ご近所に一軒一軒、開業の挨拶に伺います。

3ヶ月前

テナント契約を行なう／予算を具体的にする／
店舗レイアウトを決める

▶テナント契約前に、施工に問題がないテナントであるか確認をしてもらう。
　工事見積もりを準備してもらう(融資申請に必要)

2ヶ月前

テナント工事開始／スタッフ募集開始／仕入先選定／
什器備品

▶ご近所に挨拶に行く
▶店頭にオープン挨拶の貼り紙を出す

1ヶ月前

各種印刷物の発注／店内備品、材料、商品購入リスト確認

▶オープンに間に合うように、漏れがないか最終確認を行なう

1週間前

店舗引き渡し／内覧会／スタッフ研修教育／
ドアコール・チラシ配布

▶短期間で技術を統一するために教育マニュアルを作成しておく

8 ランチェスターの法則から「戦い方」が見えてくる

いざ独立開業準備をはじめようとすると、いったい何からどのように手をつければよいのか、戸惑う方が多いはずです。その理由は、サロンコンセプトとサロン規模、そして経営戦略があまりにも漠然としているためです。ここで、サロン経営に役立つ「ランチェスターの法則」をご紹介します。

♣ **第一法則　攻撃力＝兵力数×武器性能（質）**

第一法則は、局地戦で武器性能や兵士の技能が同レベルであれば、攻撃力は兵士の数に比例するという法則です。戦国時代の戦いのように、1人1人の戦闘範囲が狭い武器を使い、敵と1対1で戦いをした時に成立する法則で、「弱者の戦略」が導き出されます。美容室経営に置きかえると「サロン力」＝「スタッフ人数」×「スタッフレベル」となります。

♣ **第二法則　攻撃力＝兵力数の2乗×武器性能（質）**

第二法則は、広域戦で武器性能や兵士の技能が同レベルであれば、攻撃力は兵士の数の2乗に比例するという法則です。美容室に置き換えると「サロン力」＝「スタッフ人数の2乗」×「スタッフレベル」となります。近代戦のように機関銃やミサイルなど射程距離が長い武器を使い、双方が離れて戦う場合の法則で、「強者の戦略」が導き出されます。

新規参入するにあたり、この法則はひとつの指針となるはずです。たとえば、すでにその商圏で営業している美容室に対して戦いを挑むのであれば、相手のテナントの広さ、およびスタッフ数に対して、1・7倍以上の広さと、スタッフを揃えなければ勝てないと判断できます。このように、出店戦略を検討する上でのひとつの判断基準となるはずです。独立開業を検討されている方の多くは、小規模の出店を検討されているでしょうから、相手より兵力を多くして打ち勝つ強者の戦略ではなく、戦う相手がいない状況で戦う、弱者の戦略をベースとした「争わない」という戦略を検討してみることが大切です。

1章 必ず押さえておきたい独立開業の基礎知識

商圏

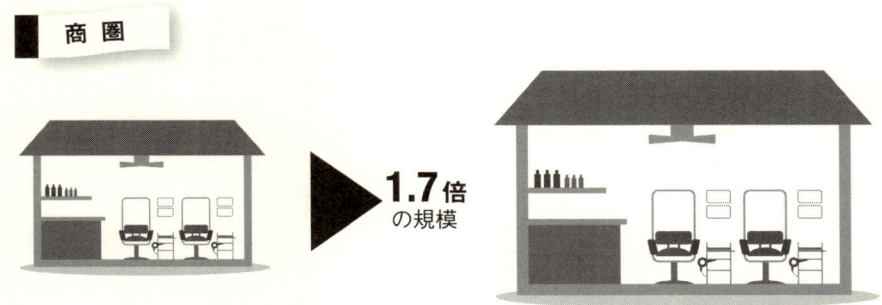

先行出店サロンに戦いを挑み勝つためには、1.7倍の広さ、スタッフ数が必要。はじめて開業する場合は、資金的にもマネージメント的にもリスクが高い。

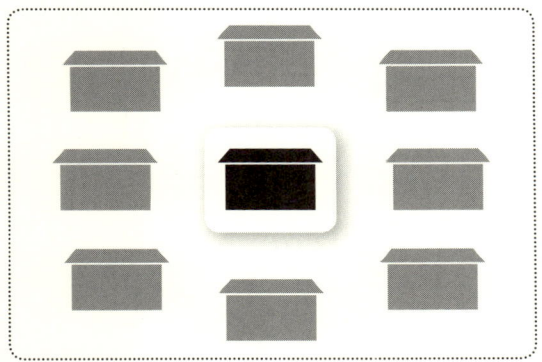

先行出店サロンが多い商圏に新規参入しても、圧倒的な差別化・特徴を打ち出しにくい

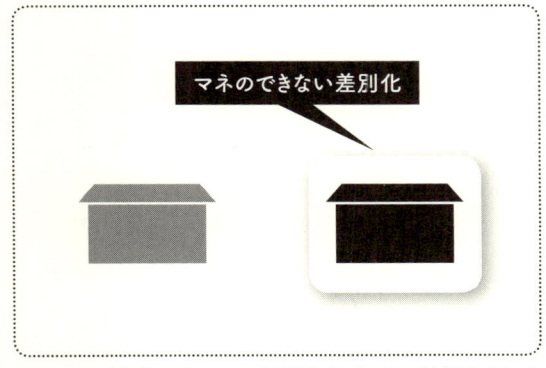

ライバルが少ないエリアに新規参入すると、特徴を出しやすい

9 オールマイティでは集客できない

開業準備を始めるにあたり、メインターゲットをどこに設定するのか決めることも重要なポイントのひとつです。これを「ターゲティング」といいます。

ターゲットを絞り込むということは、見込み総客数が減少することにつながりますから、「見込み総客数が同じであるなら、「見込み総客数は多ければ多いほど再来客数が増えるのでは?」と考える方もいらっしゃいます。そうした方は、一部の特定のタイプのお客様をメインターゲットにするのではなく、お子様からシニアまで、幅広く来店いただきたい、そして、お子様からシニアまで、幅広くオールマイティに対応することが「店のウリ」であり「セールスポイント」であると考えていらっしゃいます。

しかし、消費者は、オールマイティな店を「特徴がない」と捉えます。「オールマイティ」とは、「不特定多数」のお客様をターゲットにするということです。つまり、来店いただくお客様のタイプがさまざまであるということです。

それでは、左ページの質問に答えてみてください。特定のターゲットを定めない場合、質問にあるようなさまざまなタイプのお客様が来店されることになります。そうした、タイプの違うお客様に対して、どんなに高い価値を提供したとしても、リピート率を上げ、固定化させることはあきらかに難しいはずです。

固定化させやすいお客様のタイプを考えた場合、髪に対して悩みがあり、美しくなることに関心が高く、「価格」より「価値」を重視する方が効率よく固定化させやすいはずです。そうしたメインターゲットを明確に打ち出すことが「専門性の高い美容室」へとつながり、それが結果として「店のウリ」となり、やがて「口コミ」へとつながるはずです。

「近い」「安い」「速い」「普通」の美容室は、すでに過飽和状態で、そうしたサロンが集客、売上において苦戦していることはご承知のはずです。この点を十分に考慮した上で、オープン戦略を検討することが大切です。

030

「オールマイティ」＝「特徴がない」

- **1000円カット**: 「速くて安い」／「ターゲット」「ウリ」が明確
- **平均的なサロン**: ？／「ターゲット」「ウリ」が不明確

↓

消費者は、差別化要因を見出すことができない

あなたは、どんなタイプのお客様にご来店いただきたいですか？

質問1
- □ 必要なモノしか買わないお客様
- □ 欲しいモノを衝動買いしてしまうお客様

質問2
- □ 商品やサービスの「価値」より「価格」を重視するお客様
- □ 商品やサービスの「価格」より「価値」を重視するお客様

質問3
- □ 髪に対して悩みがないお客様
- □ 髪に対して悩みがあるお客様

質問4
- □ 美しくなることに関心が低いお客様
- □ 美しくなることに関心が高いお客様

質問5
- □ 金銭的にゆとりがあるが、美しくなることに関心の低いお客様
- □ 金銭的にはゆとりがないが、美しくなることに関心の高いお客様

10 サロンコンセプトはこうして導き出す

「誰に」「どんな技術や商品を」「どのように提供するのか?」、それをひと言で表現したものを「サロンコンセプト」といいます。別のいい方をすれば、サロンコンセプトとは「店の根本であり、よりどころとなる大黒柱」です。サロンコンセプトという店の大黒柱を定めることで、店舗設計、器材、什器備品、チラシ広告、メニュー料金、求人広告に至るまで、すべてに一貫性を保つことができます。すると「店の特徴」ができて、「他店との差別化」へとつながります。

美容業界に限らず、繁盛している店には必ず特徴があります。そして、その特徴を「ウリ」へとつなげ、さらに多くのお客様を「口コミ」で集めます。

コンセプトを導き出すには、まず「どんなお客様にご来店いただきたいのか」というメインターゲットを具体的にします。次に、そのメインターゲットを とするであろう、メニューや商品価格を検討します。

最後に、「どんな場所や雰囲気で技術やサービスの提供を受けていただくか」という、テナントのロケーション、外装・内装や什器備品を検討します。その上で接客・サービスのあり方を検討します。

❋ コンセプトは「ありたいイメージ＋消費者のニーズ」

しかし、これで、サロンコンセプトの最終決定とするのは危険です。なぜなら、このサロンコンセプトには、お客様のニーズが加味されていないからです。サロンコンセプトは、「自分が望むありたいイメージ」だけで決めるのではなく、出店予定エリアにおいて「求めるターゲットから、一定の支持を得られるもの」でなければならないのです。

したがって、出店予定地での市場調査、競合店調査、聞き取り調査を行なう目的は、自らがイメージしたサロンコンセプトに対する商圏の消費者ニーズを探るための作業であるとも言えます。サロンコンセプトに共感してご来店くださるお客様は、強い味方になってくれる可能性の高いお客様、ということができます。

サロンコンセプトの見つけ方

<table>
<tr><th colspan="2" rowspan="2"></th><th rowspan="2"></th><th colspan="3">優先順位</th></tr>
<tr><th>最優先</th><th>サブ</th><th>サブ</th></tr>
<tr><td rowspan="22">客層</td><td rowspan="5">年齢層</td><td>10〜20代</td><td></td><td></td><td></td></tr>
<tr><td>20〜30代</td><td></td><td></td><td></td></tr>
<tr><td>30〜40代</td><td></td><td></td><td></td></tr>
<tr><td>50〜60代</td><td></td><td></td><td></td></tr>
<tr><td>60代〜</td><td></td><td></td><td></td></tr>
<tr><td rowspan="4">性別</td><td>男</td><td></td><td></td><td></td></tr>
<tr><td>女</td><td></td><td></td><td></td></tr>
<tr><td>夫婦</td><td></td><td></td><td></td></tr>
<tr><td>ファミリー</td><td></td><td></td><td></td></tr>
<tr><td rowspan="7">職業</td><td>学生</td><td></td><td></td><td></td></tr>
<tr><td>会社員</td><td></td><td></td><td></td></tr>
<tr><td>OL</td><td></td><td></td><td></td></tr>
<tr><td>有職主婦</td><td></td><td></td><td></td></tr>
<tr><td>専業主婦</td><td></td><td></td><td></td></tr>
<tr><td>リタイア層</td><td></td><td></td><td></td></tr>
<tr><td>その他</td><td></td><td></td><td></td></tr>
<tr><td rowspan="5">髪に関する関心度</td><td>非常に高い</td><td></td><td></td><td></td></tr>
<tr><td>高い</td><td></td><td></td><td></td></tr>
<tr><td>少し高い</td><td></td><td></td><td></td></tr>
<tr><td>普通</td><td></td><td></td><td></td></tr>
<tr><td>低い</td><td></td><td></td><td></td></tr>
<tr><td rowspan="4">収入</td><td>低所得層</td><td></td><td></td><td></td></tr>
<tr><td>中間層</td><td></td><td></td><td></td></tr>
<tr><td>共稼ぎ層</td><td></td><td></td><td></td></tr>
<tr><td>富裕層</td><td></td><td></td><td></td></tr>
</table>

↓

客層イメージ

↓

内装・外装イメージ

↓

メニューイメージ

CHAPTER 2

お客様が足を運びたくなる
テナントと店舗内装

立地選びの基礎知識

「どのエリアに出店すればよいのか？」

この大きなテーマを前に、立ち止まってしまう方が多く見受けられます。「絶対に失敗してはならない」という気持ちが、行動を慎重にさせてしまうのです。

こうした方は、まずは土地勘のあるエリアで各種調査を行ない、オープン戦略を検討してみることを提案します。調査をしてオープン戦略を具体的に検討することが予行演習となって、実際のオープン準備の際に学習能力が働くはずです。これが、なじみのあるエリアの調査を提案する理由です。

それでは、立地に関する基本的な要件を押さえておきましょう。

♣ 人の流れを決める4つの要素

① 居住人口・世帯数・世帯人数
② 交通量・歩行者通行量

ただ単に、交通量・歩行者通行量の多さだけで判断すると判断を間違える可能性があります。どんな人々がどんな目的を持って行き交っているのかを知る必要があります。また、時間帯や曜日によって、行き交う人のタイプが異なることもチェックしておく必要があります。

③ 誘導施設

駅やショッピングセンターなど、人が大勢集まる施設を「誘導施設」といいます。新たな誘導施設の開発は、商圏の人の流れを大きく変えます。念には念を入れて、今後の誘導施設の開発予定を確認しておくと安心です。

④ 動線

人間は本能的・心理的に、次のような行動をとる傾向があります。見落としやすい事項ですが、市場やテナントを探す上で非常に重要なポイントとなります。

・目的地まで最短距離と思われるほうを選ぶ
・より安全であると思われるほうを選ぶ
・より多くの人がいるほうを選ぶ

立地は、このような心理的側面からもチェックしておきましょう。

立地選びのポイント

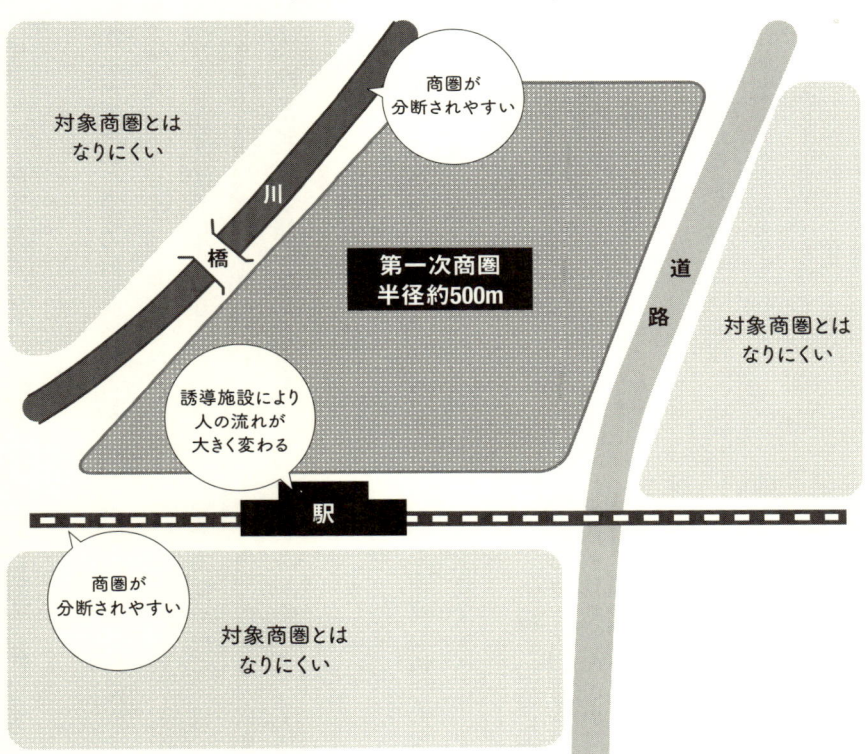

- 対象商圏とはなりにくい
- 商圏が分断されやすい
- 川
- 橋
- 第一次商圏 半径約500m
- 誘導施設により人の流れが大きく変わる
- 道路
- 対象商圏とはなりにくい
- 駅
- 商圏が分断されやすい
- 対象商圏とはなりにくい

2 カンはNG！ 数値から市場を読みとる

「美容院の成否は70％が立地で決まる」。言い換えると、どんなに技術、接客、サービスレベルが優れていても、それらは成功する要因の30％に過ぎないということです。技術に自信がある方ほど、立地を軽視し「自分は絶対に失敗しない」と勝負する傾向があります。

♣ **出店候補地を、データと自分の目で確認する**

市場調査を行なう目的は、出店候補地域の市場特性を、さまざまなデータを基に、より明確にすることです。

出店候補地域にどんなタイプの人々が暮らしているのか？ 後発出店であっても既存店に負けない市場があるのか？ イメージしているサロンコンセプトが受け入れられる市場であるか？ もしも、そうでない場合には、どんなコンセプトを打ち出せば受け入れられるのか？ どういった客層に対して、どのようなメニューで、どのような料金設定を打ち出すのか？ 市場調査の結果は、経営戦略を総合的に判断するための基礎資料となります。

市場調査は、各種データ分析を行なうだけでは不十分です。実際に街に足を運び、候補地の状況を自分の目でくまなく見て、肌で感じ、疑問点は聞いてみることです。どのような店が、どんなタイプのお客様で賑わっているのか？ 反対に、どんな店が繁盛していないのか？ その理由はどうしてなのか？ どうすれば、繁盛させることができるのか？ このように消費者心理や市場特性にも目を向けて戦略を検討していくことが大切です。

♣ **テナント探しの前に市場調査をする**

出店候補地域の市場調査は、テナント探しを開始する前にやっておく必要があります。テナントを探した後で市場調査を行なう方を見かけますが、この方法はリスキーです。テナントを探した後では、十分な時間的余裕がありませんし、それ以上に問題なのは、テナントを決めた後で、「開業後の見通しが厳しい市場」とわかったとしても、どうすることもできないのです。

038

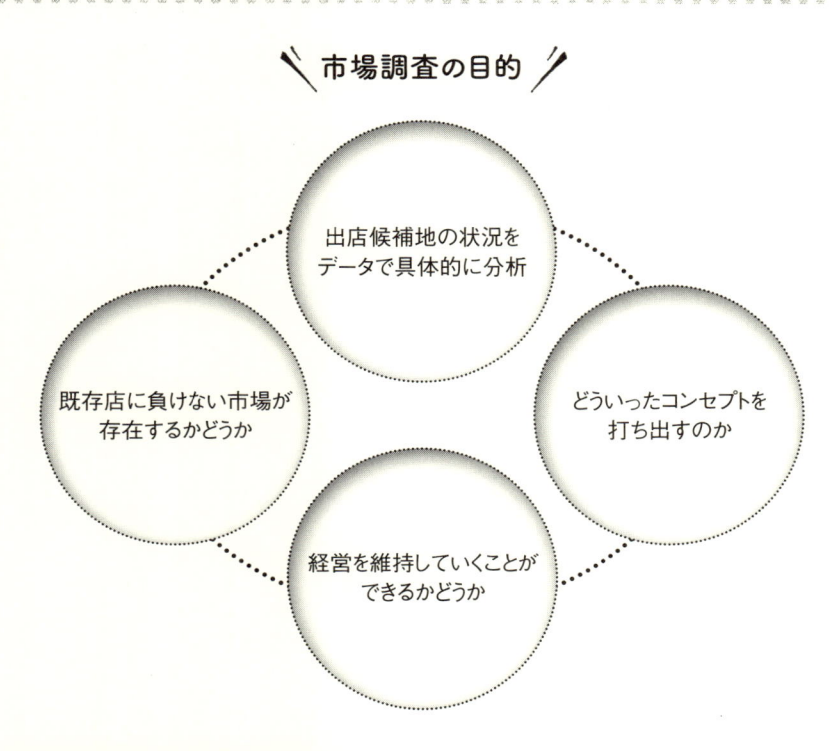

市場調査の目的

- 出店候補地の状況をデータで具体的に分析
- 既存店に負けない市場が存在するかどうか
- どういったコンセプトを打ち出すのか
- 経営を維持していくことができるかどうか

市場調査基本資料と調査関連項目

世代別人口統計	メニュー、料金設定、サロンコンセプト
男女別人口統計	メニュー、サロンコンセプト
世帯数	メニュー、料金設定、サロンコンセプト
人口密度	市場の大きさ、サロンコンセプト
昼間人口・夜間人口	昼間人口が多く夜間人口が少ない場合は住人が少ないと判断
人口増減	人口減エリアは要注意、サロンコンセプト
持ち家比率	メニュー、料金設定、サロンコンセプト
所得レベル	メニュー、料金設定、サロンコンセプト
スーパー・コンビニ	地域特性、消費者動向、人の流れ、サロンコンセプト
その他の商店	地域特性、消費者動向、サロンコンセプト
駅、学校などの施設	人の流れ、商圏設定、メニュー、サロンコンセプト
最寄り駅、乗降者数	地域特性、消費者動向、人の流れ、サロンコンセプト
地図	人の流れ、商圏設定、競合店、サロンコンセプト

3 市場調査のポイント

✤ 単身者が多いのか、ファミリー世帯が多いのか

市場調査に必要となる、人口統計資料、地域マップといった基本的な資料は、調査予定地の役所から入手することができます。「人口統計資料」で、地域ごとの年代、男女別人口、人口密度、転入、転出といった人口動態の推移を具体的に把握できます。

また、人口総数を世帯数で割ると、一世帯あたりの平均人数を知ることができます。一世帯あたりの平均人数が2人を下回っていれば単身者が多い地域、平均人数が2.5人以上では、ファミリー世帯が多い地域と判断することができます。

地域ごとに人口増減を調べることで、人口が増加傾向にあるのか、減少傾向にあるのかを把握することができます。その他にも、昼間人口、夜間人口、持ち家比率からも、その地域の特性を把握することができます。また、最寄りの駅に問い合わせれば1日の乗降者数を知ることができます。こうして集めたデータを、項目別に地図に落とし込んでいきます。人口が多いエリアを濃い色、少ないエリアを薄い色と、色分けして塗りつぶすと、市場の大きさや、どんなタイプの人が住んでいるのかということを"見える化"できます。

✤ 時間帯・曜日別通行量もチェック

次に、最寄り駅やスーパーなど、人の流れを大きく左右する施設をチェックして、人の流れの量に応じて地図の道路を色分けして塗りつぶします。通行量チェックは、時間帯別、曜日別の調査も行なっておきます。一般的に、テナントから半径500m圏内が第一次商圏といわれていますが、商圏を遮断する河川や道路、人の流れなども加味して出店する商圏を検討します。もちろん、この作業でも実際に現地調査を行ない、その結果を加味していきます。

このようにさまざまな角度から調査分析を行ない、実態を可能な限り具体的に数値で捉えることで、出店候補地をより総合的に判断することができるのです。

人口統計表

> 人口総数÷世帯数＝平均世帯人数

町名	男	女	総数	世帯数	平均世帯人数
桜1丁目	1,863	1,902	3,765	1,966	1.9人
桜2丁目	1,245	1,236	2,481	1,220	2.0人
桜3丁目	1,702	1,776	3,468	1,522	2.2人
弦巻1丁目	1,703	1,776	3,479	1,532	2.3人
弦巻2丁目	1,841	2,042	3,883	1,852	2.1人
弦巻3丁目	1,574	1,793	3,367	1,649	2.0人

> 桜3丁目と弦巻1丁目が比較的ファミリーが多く、桜1丁目は単身者が多い地域と考えられる

立地のタイプと特徴

立地のタイプ	客層	特徴
駅前商店街	地域に密着した方、駅を利用する方中心	回転率が高く、単価は低い傾向。比較的、新規集客が行ないやすい
繁華街	不特定多数	長時間営業。強力なお店の特徴が必要
オフィス街	サラリーマン、OL中心	客層が固定的で、土日はお客様が少ない傾向
住宅街	近所の主婦、ファミリー中心	オープンから時間の経過とともに新規客の集客が難しくなりやすい。固定化することがポイント

4 戦略を立てる前に敵を知る

市場調査と平行して、「競合店調査」は必ず行なってください。競合店調査の目的は、これから新参者として戦いを挑むことになるライバルの状況を把握することです。「新参者としてこのエリアに美容室を開業し、軌道に乗せることができるのか？」、その方法と可能性を探るために行なうものです。

♣ 競合店に足を運び、お客様の入り具合などを知る

競合店の基本的な情報は、管轄の保健所で入手できます。その基本情報を基に、同一商圏のライバルサロンのホームページは、くまなくチェックします。

言うまでもなく、競合店調査においても、「実際に現地に足を運び、状況を五感で感じる」ことが重要なポイントです。セット面数、シャンプー台数、スタッフ人数といった店の規模や、技術料金を知ることで、競合店のおおよその売上を予測することができます。お店に行けば、その店のお客様タイプ、お客様の入り具合も知ることができます。その他にも、スタッフの

働く姿や顔ぶれなど、現地へと足を運ばなければわからない情報を得ることができます。そうした情報や感想は、調査シートにまとめておきます。

競合店現地調査は、一度で終わらせるべきではありません。曜日や時間帯を変えて数回行なわなければ、精度が高い情報を得ることができないのです。

♣ 地域一番店で施術を受けてみる

さらには、商圏で最も繁盛している地域一番店へと足を運び、お客様として実際に施術を受けてみることをお勧めします。その理由は、地域一番店には、一番店である理由が必ずあるはずだからです。その理由を直接五感で感じておく。この点が、商圏の人々に歓迎されるサロンコンセプト、そしてオープン戦略を検討する上での重要なポイントです。

市場に参入すべきかどうかという重要な検討する上で、情報が多ければ多いほど、より正しい判断をすることにつながります。

042

競合店調査の例

サロン名	階数	鏡面	人数	技術	平均年齢	定休	カット料金	パーマ料金	カラー料金	ライバル度
Aサロン	2	7	5	3	35	火	5,000	5,000	5,000	C
Bサロン	1	7	6	3	28	火	4,000	8,000	4,000	B
Cサロン	1	6	3	2	38	火	4,000	9,000	5,500	B
Dサロン	1	8	7	4	30	火	4,000	8,000	6,500	A
Eサロン	1	6	3	2	50	火	3,500	7,500	4,000	C

※ライバル度　A＝繁盛店、B＝まずまず繁盛店、C＝ライバルにはならない

サロン名	コメント
Aサロン	暗いイメージで活気がない。ターゲット外
Bサロン	活気があり対応よし。予約優先。おしゃれなヤングターゲット。店頭でハンティングなど積極的に集客努力
Cサロン	お店のつくりもかわいくアットホーム。老舗サロンとのこと。オールマイティーな客層でガッチリと常連を固めている感じ
Dサロン	立地がよく、エリア内で一番忙しいお店だと思う。スタッフの対応もよい。平日11時～3時予約10%OFF。特別変わったメニューなし
Eサロン	外観、内装も時代遅れ。お客様も少ない。ターゲット外

総評

全体的に、この商圏では特に25～40歳の世代に強い美容室がないように感じた。市場調査、聞き取り調査の結果もふまえて、総合的に判断すると、この層をメインターゲットに打ち出した出店を行なうことで新たなニーズを開拓できると思われる。また、ライバル店D美容室は、特別変わったメニューがないために、25～40歳をターゲットとした新メニューを打ち出すことで、優位に立つことができると判断される。そこで、癒しをテーマにしたメニュー、内装を打ち出していくことで差別化を図る。競合店のすべてが火曜日定休なので火曜日を営業することで差別化を図る。

5 消費者の声に耳を傾ければ戦略が見えてくる

❖ お客様の生の声を2回聞く

もうひとつ、必ず行なっておくべき準備は「ヒアリング調査」です。ヒアリング調査とは、出店予定地域の消費者の声を世代、タイプごとに聞き取る調査です。初回の調査ではヒアリングの対象を絞り込まずに幅広いタイプの人々にヒアリングしてみましょう。ヒアリングの目的は、「どんなニーズがあるのか？」「検討しているサロンコンセプトが受け入れられる市場であるのかどうか？」を判断するためです。

「現在、どこの美容室に通っているか？」「その理由はなぜなのか？」「その美容室に不満な点はないか？」「その美容室以外に、どんな美容室であれば行ってみたいと思うのか？」「料金はどのくらいが適切だと思うか？」、このような生の声を知ることで、開業する店のあるべき姿が、より明確となります。また、既存サロンに対する消費者の率直な意見や評価は、オープニング戦略を検討する上で、重要な判断材料となります。

初回のヒアリング調査の結果をもとに、サロンコンセプトやオープン戦略を再検討した上で、二度目のヒアリング調査を実施します。二度目のヒアリング調査では、想定するメインターゲットを中心に、サロンコンセプト、メニュー、料金、店舗造作、オープン販促など、出店後のさまざまな事項について、消費者の意見や感想を求めます。

❖ ヒアリング調査で応援団をつくる

ヒアリング調査を行なう時には、その商圏で商売をされている商店にも必ず伺います。個人消費者とは異なる意見や情報を得ることができるはずです。また、こうして事前に挨拶をしておくことで、いざ開業の際には、オープンチラシを置いていただけるかもしれませんし、強い味方になってくれたり、口コミしてもらえるなど、調査に協力くださった方には、粗品を進呈して連絡先を聞き、オープンの優待案内状を送って集客へとつなげます。

044

ヒアリング調査質問シート

	世代　職業　男・女
今、どちらの美容室に行かれていますか？	
その理由はどうしてですか？	
カット料金はいくらくらいですか？	
技術料金に満足されていますか？	
接客、サービスに満足されていますか？	
どういう理由で今の美容室に行かれていますか？	
今の美容室で不満な点があれば教えてください	
このエリアで一番流行っている美容室はどこだと思いますか？	
それはなぜだと思いますか？	
そのお店に行く（行かない）理由は？	
過去に美容室を変えた理由を教えてください	
どんな美容室があれば行ってみたいと思いますか？	

POINT！ この結果をもとに、サロンコンセプト、具体的方針をさらに詰めていきます。その結果をもとに、あらためてもう一度聞き取り調査を行なうことがポイントです

ヒアリング調査の注意点

- ✓ きちんとした身だしなみで調査する
- ✓ ネームプレート、名刺などで身分を証明する
- ✓ お礼の粗品、手紙を用意する
- ✓ できるだけ住所・氏名を伺い、オープン集客につなげる

6 失敗しないテナント選びのポイント

テナントは、以下の3つのタイプに大きく分類することができます。

① 現在、空室中のテナント

現在、空室中のテナントについては、不動産業者や近所の方に、過去にどんな業種が入店していたのか、そして営業状況や退居の原因について必ず確認しておきます。中には、テナントそのものに対する住民のイメージがよくないというケースもあるので注意が必要です。誰もがよいと思うテナントは、すぐに借主が決まってしまいます。したがって、できるだけ早く手付金を支払い、物件を仮押さえする必要があります。こうした素早い決断をするためにも、あらかじめ各種調査を十分に行なっておく必要があるのです。

② 現在、営業中のテナント

いつになれば空くのか、予想がつかないという欠点があります。現在美容室を営業中で、もっとよいテナントへと移転を検討しているなど、時間的な余裕をある方が対象となります。

③ 現在、建築中の新築のテナント

住民の関心も高く、新鮮味と話題性があります。しかし、賃料が相場より高い傾向があります。

このような理由により、理想のテナントを探すにはある程度時間がかかるということを見越しておく必要があります。つまり、退社してからテナント探しを開始するのでは遅いと考えておきましょう。そこで、現在勤務先のオーナーに「独立開業の意志」を伝え、了承をいただいた上で、在職中から次のような準備を行なっておきます。

・市場調査など各種調査を行ない、出店候補地域を絞り込み、テナントや商圏ウォッチングを行なう
・不動産屋にこまめに足を運び、絶えず情報収集する
・現在営業中のものも含め、「空きが出たらすぐに契約する」というテナントをピックアップして、不動産業者にその旨を伝えておく

テナント探しは、1年程度の時間をかけるつもりで行ないましょう。

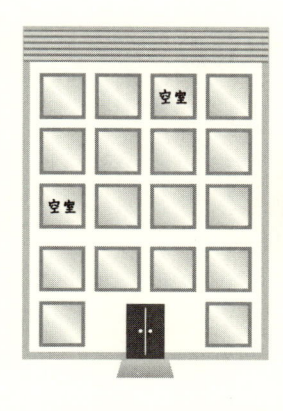

2章 お客様が足を運びたくなるテナントと店舗内装

空室中のテナント
・過去の入居業種、退居の原因を探る
・誰もがよいと思うテナントはすぐに借主が決まる

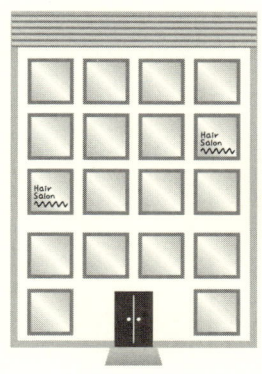

営業中のテナント
・具体的なオープン戦略を立てやすい
・いつ空くのか予想できない（テナントのオーナーに入居テナントの現在の契約状況を確認する）
・時間的に余裕のある人向け

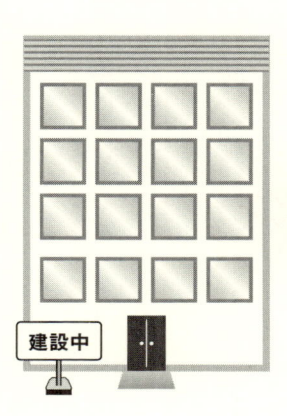

建設中のテナント
・注目度、話題性が高い
・賃料が相場より高い
・テナントのイメージを描きにくい

7 テナント選びは消費者心理を味方につける

♣ 「外から見て入りやすいテナント」かどうか?

ズバリ、「外から見て入りやすいかどうか」、この点が、テナントを探す上で最も重要なポイントです。

そこで、皆さんが本当に知りたいことは、「具体的に、どんなテナントが入りやすいのか?」という点であるはずです。市場調査の項目でも少し触れましたが、「入りやすいテナント」について、個々のケースを解説するには、紙幅に限界があります。

ですから、具体的な条件をアドバイスすることはできませんが、「入りやすいテナント」を見極める上でのベースとなる考え方はお伝えできます。これを理解しておくことで、さまざまなケースに対して適切な判断を下していただけるはずです。

♣ 人間の本能が嫌がるテナントは避ける

考え方は「人間が持っている本能」を意識することで「入りやすいテナント」を探す上でのベースとなるす。人は誰でも、本能的に安心・安全を求めます。表現を変えると、本能的に不安・危険を回避するということです。

この本能的な行動は理屈ではなく、「パブロフの犬」のように条件反射でおきるものです。つまり、テナント選定における第一の判断のベースとは、「人間が持っている安心、安全を求める本能、安全を求める本能を満たすテナントであるかどうか?」「本能的に不安や危険がないと判断できるテナントであるかどうか?」という点になります。

これを基準に考えると、階段が狭い、暗い、間口が狭い、閉鎖的で店内の状況が外から判断できない──このようなテナントは、お客様が本能的に避けるテナントといえるので、選択しないほうが無難です。

一方、道路から店の入口まで、ワンクッションのスペースがあるテナントなど、本能的に不安や危険が低いと判断できるテナントが、足を踏み入れやすいテナントということになります。

2章 ● お客様が足を運びたくなるテナントと店舗内装

閉鎖的で入りにくいテナント

開放的で入りやすいテナント

8 視認性と入りやすさを必ずチェック

建物や看板の見えやすさを「視認性」といいます。テナント選定の際には、周囲を実際に歩いて、「どの角度から、どのくらいの距離からどのように見えるか?」「どんな印象を与えるのか?」、こうした側面も確認しておく必要があります。

「遠くからでも、そこにどんな店があるのかわかる」、この点はとても大切なポイントです。徒歩なら10メートル、車であれば50〜100メートル程度先から店の存在がわかることが、最低ラインの基準です。ただし、店の存在がわかったとしても、「その店がどんな業種なのか?」「どんな特徴がある店なのか?」ということまで認識させることができなければ、新規客集客において圧倒的に優位な立場に立つことはできません。

間口を1とすると、奥行きは1・4程度のテナントが理想です。間口が広ければ訴求力が強まります。その一方で、店内滞在客が落ち着かないというデメリットが生じやすくなります。この場合には、内装の工夫によって、滞在客への配慮が可能かどうかを検討した上で判断をします。

半地下や2階のテナントは、一般的に1階のテナントより家賃が2〜3割安くなります。しかし、集客力という点では1階のテナントに大きく劣ります。

3階以上のテナントへと足を運ぶ新規客は、路面テナントの半分以下といわれます。採算が合うだけの固定客を確保している方でなければ、避けるのが賢明です。上層階のテナントは、看板に店内の写真を載せて通行人に店内の雰囲気を伝える方法もありますが、この方法だけで、本能的不安感を払拭するには無理があります。階段を上り下りしてでもわざわざ足を運ぶに値する魅力を打ち出せるかどうかが、成否を分けるポイントとなります。

♣ **階数から考えるテナント**

路面店は、通行人に対して店の存在を直接アピールすることができます。それが広告効果にもつながるため、テナントとしては最適です。さらに理想をいえば、

外側からのテナントチェックシート

評価	チェック項目	評価	チェック項目
	階数は何階か？		袖看板は取り付け可能か？
	どちらの方向から店が見えるか？		西日があたらないか？
	店のどの部分が見えているか？		日陰になりすぎていないか？
	どのくらいの距離から見えるか？		店頭の歩行者数は十分あるか？
	目立つテナントか？		駐輪場(駐車場)はあるか？
	店頭置き看板設置場所はあるか？		テナント周辺に障害物はないか？
	看板設置場所はあるか？		近隣の環境は良好か？
	看板設置スペースは十分か？		臭い・騒音などは問題ないか？
	外部から、店内の様子を知ることができるか？		ライバル店と比較して、勝ちうる要素があると判断できるテナントか？

評価　A大変よい　Bよい　Cよくない　Dどちらともいえない

その他のテナントチェックシート

	お客様が心理的に、足を踏み入れやすいと判断されるテナントか？
	お客様が心理的に、足を踏み入れにくいと考えられる障害物はないか？
	入口の位置は適切か？　入りやすいか？　段差がないか？
	店舗面積は適切か？
	十分な奥行きはあるか？　間口は狭くないか？
	テナントの内側から外を見た眺めはいいか？
	使いやすいと判断されるテナントか？
	お客様にとって居心地がよいと考えられるテナントか？
	もしそうでない場合は、内装、外装でカバーすることができるか？
	空調室外機、ボイラー設置場所に問題はないか？
	設備容量(電気・ガス・水道)は問題ないか？

評価　A大変よい　Bよい　Cよくない　Dどちらともいえない

9 テナント内見ではここをチェック

本格的にテナント探しを開始するにあたり、出店希望地域のテナントの平均的な坪単価を把握しておきます。「賃料÷坪数」で「一坪あたりの単価」を算出して、「このテナントは、相場価格と比べて高いのか、安いのか」を判断する基準とします。

その上で、どうして高いのか、どうして安いのか、その理由を探ることで「テナントを見る目」が培われてきます。図面を見れば、テナントのイメージを頭に描けるようになるまで、実際にテナントを見ておきましょう。

「間口の方位」を確認するのも、忘れてはならない事項です。間口が南や西向きの場合、日差しが直接入り込むため、日差しを遮断する内装設備が必要となります。その上、店内の温度を保つため電気料金にも影響を与えます。

理想は北向き、もしくは東向きです。

その他にも、空調の室外機やボイラーの設置場所があるかどうか、看板の設置に制限が設けられていないかどうか、駐輪場・駐車場の有無も確認しておく必要があります。

また、テナント周辺のロケーションも見逃すことができない大切な要素です。たとえば、隣がパチンコ店やゲームセンターでは、イメージ的にマイナス要因となります。他にも、飲食店の近くは、臭いや客層にも注意が必要です。

＊マスキングテープで内装をイメージ

テナントを内観する場合には、マスキングテープ、メジャー、デジカメを準備します。セット面、セット椅子、シャンプースペース、コールド待ちスペース、フロント、バックヤードなど、スペースごとにマスキングテープで囲うことで、より具体的に内装をイメージしやすくなるはずです。マスキングしたさまざまな内装の配置パターンをカメラに収め、後でじっくりと検討します。

内見ではこんなところもチェック

□ 間口の方位は？
　南・西向き：日差しを遮断する設備が必要。店内温度を保つために電気料金もかかる

□ 空調の室外機、ボイラーの設置場所があるか？

□ 看板の設置に制限が設けられていないか？

□ 駐輪場・駐車場はあるか？

□ 周辺施設は？
　パチンコ店、ゲームセンター：イメージ的にマイナス
　飲食店：臭いに注意

内見の際に持参したい道具

マスキングテープ

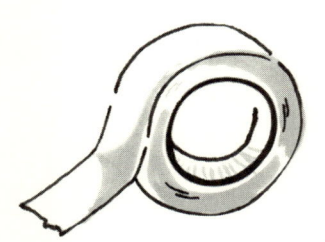

マスキングテープとは、塗装が他につかないようにするテープで、貼りやすく剥がしやすい点が特徴。ホームセンターで販売

メジャー

デジカメ

10 テナント賃貸契約のポイント

テナントを選んで賃貸契約を結ぶ——これは、はじめて開業をする方にとってはなじみがなく、かなりハードルが高い手続きと感じるはず。そこで、賃貸契約に至るまでの一連の流れを簡単に説明しておきます。

① テナント内覧の行動は早く

理想的なロケーションのテナント、家賃が割安なテナントを探しているのは、あなただけではありません。よさそうなテナントの情報を得た場合には、できるだけ早く現地に足を運び、自分の目で確認します。できれば、第三者の立場で、客観的に判断できる知人に同行してもらい、意見を求めるとよいでしょう。

② 調査の時間を交渉する

「有力な候補」と判断した場合には、その旨を不動産業者に伝えた上で、③の独自調査をするための時間をいただけるようにお願いしてみてください。また、賃貸条件を再確認しておきます。

③ 独自調査をする

有力候補となるテナントに対しては、テナント周辺の住民や商店を経営されている方に「このテナントで美容室を開業する」ことについて客観的な意見を求めて、最終的な決断をするための情報収集を行ないます。

④ 賃貸条件交渉をする

③の結果をふまえ、最終的に契約を決意した場合には、貸主と「家賃」「保証金」「礼金」などについて交渉を行なってください。家賃は売上にかかわらず、毎月一定の経費を支払う「固定費」となります。

⑤ 施工・設備業者の確認

契約しようとするテナントにおいて、計画通りの店が作れるのかを確認しておく必要があります。「ガス」「電気」「水道」「看板」「駐車・駐輪場」など、設備に関わる制限の有無について確認を取ります。可能であれば、施工・設備業者に立ち会ってもらうと安心です。

⑥ 賃貸契約を交わす

契約書は隅々まで目を通し、疑問点は、その場で確認した上で、最終的に条件が折り合えば「契約書」を交わします。

知っておきたい契約の注意点

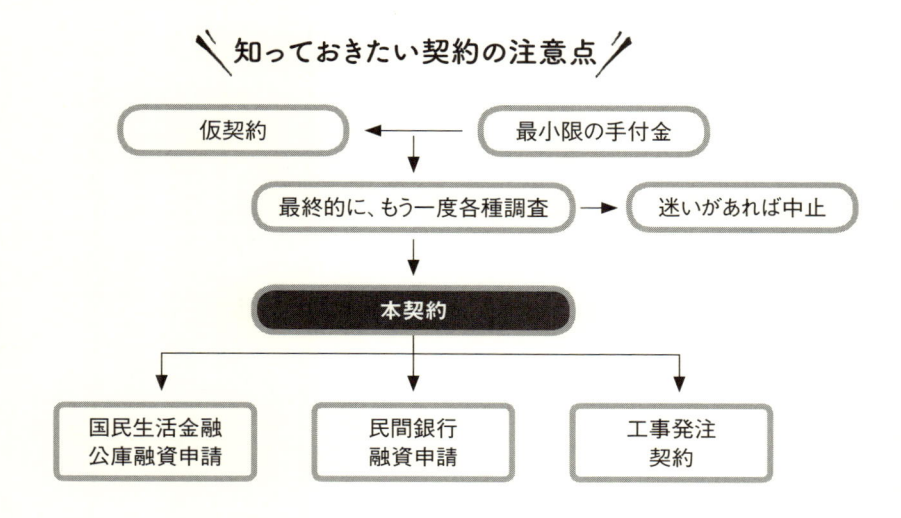

```
    仮契約  ←  最小限の手付金
       ↓
  最終的に、もう一度各種調査  →  迷いがあれば中止
       ↓
      本契約
    ↙   ↓   ↘
国民生活金融    民間銀行      工事発注
公庫融資申請   融資申請       契約
```

家賃の他にこうした費用もかかる

▶ **保証金（敷金）**
　一般的に、家賃の10ヶ月分が目安といわれている。例外もあるので注意が必要

▶ **保証金（敷金）の償却**
　保証金は解約時に返金されるが、あらかじめ償却分が定められている場合が多い
　（例）本契約を終了する場合、次の通り保証金を償却するものとする
　　　　契約開始日より4年未満の場合100%
　　　　契約開始日より4年以上7年未満の場合70%
　　　　契約開始日より7年以上10年未満の場合50%
　　　　契約開始日より10年以上の場合償却なし

▶ **共益費・管理費**
　賃料に含まれている場合が多いが、例外もあるので確認しておく

▶ **前払い家賃**
　一般的に契約後、内装工事など開店準備期間も家賃が発生する

▶ **仲介手数料**
　不動産業者に支払う仲介手数料で、相場は家賃の0.5～1ヶ月分

▶ **手付金**
　貸主に「手付金」を支払うことで、物件を一定期間「仮押さえ」することができる。契約しない場合には、支払った手付金は全額返還されない。反対に、貸主が貸せなくなった場合、手付金の倍額を支払う

▶ **更新契約料**
　賃貸契約の契約期間を更新する際に、貸主に支払う一時金。相場は家賃の1ヶ月分

11 経験者から学ぶ、内装の注意点

これから店舗の内外装などさまざまな準備を行なっていく上で、判断に迷うことがたびたびあるはずです。そんな時に思い出していただきたい、問題解決の2つのキーワードをお伝えします。

ひとつは「迷ったら、サロンコンセプトを思い出す」。もうひとつは「お客様満足第一主義」。迷った時には、この2つの原点に戻れば、正しい判断をすることができるはずです。

✤ **素材の風合いなどを実店舗で確認する**

店舗内装に関する問題のひとつは、求めるイメージや色、質感などを店舗デザイナーに伝えるのが難しいという点です。店舗デザイナーは、素材の見本を見せて、どれにするのか、施主に最終判断を仰ぎます。

しかし、素人が素材見本を見てでき上がりをイメージすることは、ほぼ不可能なはずです。その結果、「でき上がったら、想像していたイメージと違った」ということがたびたびおこります。たとえば、見本では淡いクリーム色でも、広い面積では黄色味が強く感じられたり、見本では薄いブラウン色でも、広い面積では想像より暗く感じられる傾向があります。

そこで、さまざまな店舗や施設に実際に足を運んで、参考にしたいポイントは、カメラに収めておけば、店舗デザイナーにうまく伝えられない時には、「この店舗のこの素材」と伝えれば、現地で実際に確認してもらうことで、100％確実に希望を伝えることができます。

店舗内装の注意点は、はじめて自分の城を造るために、思い入れが強く、内装デザインも理想を追求しがちなことです。理想を追求すればするほど、工事費用は高くなります。資金に限りがある以上、現実的には、コストの安い素材へと変更しなければならない可能性もあるということを折り込んでおきましょう。

056

内装素材の特徴

木
やわらかく、あたたかみがあり、安心感と落ち着いた印象を与える。長時間過ごしても違和感がない

タイル
色、柄、サイズ、材質とも非常に豊富。比較的安価な「樹脂製」のものから、高価な「陶磁器製」まで、コストの幅が広い

土
珪藻土は、ホコリや臭いを吸着しやすく、調湿性にもすぐれる。漆喰は石灰に海藻などをまぜたもので、調湿性にすぐれる。いずれも職人の手作業となり、自然で素朴なイメージを与える

ガラス
圧迫感がなく、店内を広く見せる効果がある。必要に応じてガラスブロックを使うことで、見せたくないものを違和感なく隠すことができる

金属
ステンレス、ブリキ、アルミニウムなどの金属は、演出次第で「モダン」「レトロ」いずれも応用が可能。照明効果を演出する場合に使うこともある

満足度を高める店舗内装のポイント

テナントの内装・外装を検討するにあたって、最低限の店舗内装に関する基本知識はもっておきましょう。店舗内装を考える場合、次の3つの視点で検討することが大切です。

♣ ①外部の通行人が入りたくなる外装・内装

店舗の正面のことを「ファサード」といいますが、外部の通行人が、足を踏み入れたくなるかどうかは、「ファサード」が与えるイメージによって決まるといっても過言ではありません。「ファサード」を検討する上で「通行人が足を踏み入れたくなる美容室」をキーワードとして検討することがポイントです。

♣ ②店内滞在客にとって満足できる内装

店内で長時間過ごされるお客様は、「高単価のお客様」です。もしも「高単価の美容室」をめざすのであれば、必然的に、長時間過ごしても居心地のよい内装や各種備品を検討する必要があります。

♣ ③店内動線から考える内装

店舗レイアウトを考える上でのポイントは、「動線」を最優先に考えることです。「動線」とは、店内における人の動きを線で示したもので、お客様の動きを示す「客動線」と、スタッフの動きを示す「作業動線」があります。

「動線」の基本的な考え方は、「それぞれの動線がぶつかり合わないこと」「作業にムダがなく、最も効率よく動けること」です。その他、「見通しのよいレイアウト」という視点からの検討も大切です。

高いレベルの満足を提供するためにも、スタッフが無駄な動きをすることなく、絶えず店内全体に注意を払えるレイアウトが理想です。

お客様が来店されてからお帰りになるまでの「客動線」とスタッフの「作業動線」、そして「見通しのよいレイアウト」について、あらゆるパターンをシミュレーションし、最適なレイアウトを導き出します。

2章 ● お客様が足を運びたくなるテナントと店舗内装

ゆったり座れるイスや飲み物を用意して居心地のよい空間をつくる

13 押さえておくべき照明の基礎知識

「照明」の使い方次第で、店のイメージや雰囲気は大きく変わります。つろがせます。サロンコンセプトをベースに、光と人間心理の関係を踏まえて照明を検討しましょう。

♣ 外部から見える部分は、特に明るくする

人間には、「明るい＝安全」「暗い＝危険」と本能的に判断する習性があります。したがって、新規客の心理的なハードルを下げ、足を踏み入れやすくするためには、エントランスは特に明るくします。外部から店舗全体が明るく見えるよう、夜間や薄暗い天気の日には、店舗や看板に向けて外から照明を当てたり、店内から外部に暖かな光が漏れるようにするなど、店頭通行人を来店に導くための配慮を行なうことも大切でしょう。

♣ 陰をつくる

照明を検討する上でのポイントは、第一に、どこをどのように明るくするのかを決めることです。店内が均一に明るいと、作業するには便利ですが、非日常性や雰囲気を醸し出すという点ではマイナスです。陰の部分をつくることで、同じ空間でもメリハリが生まれ、雰囲気を醸成することができます。さまざまなショップの照明をチェックし、可能であればカメラに収めておきましょう。

♣ 光の強さと色を決める

照明の光の強さ、そして光の色は、人間の心理に一定の影響を与えます。たとえば、強い光や白く明るい光は人を活動的に、弱い光やオレンジ色の光は人をくつろがせます。

最近は、消費電力が少なく、寿命も長い「LED」の需要が増加し、その種類も豊富です。しかしコスト的にはかなり割高に感じるはずです。そこで、設計・施工業者に「白熱灯」「蛍光灯」を使用するケースと「LED」を使用するケースとで、電気料金と寿命を踏まえたトータル費用を試算してもらうとよいでしょう。

060

照明効果の基本原則

1. 明るく

人は本能的に「明るい」＝「安全・安心」、「暗い」＝「不安・危険」と感じる習性があります。したがって、外部から店舗を見た場合、より明るい店舗へと本能的に足を運ぶ傾向があります

2. 強調点を決める

ただ明るいだけの照明では不十分です。見せたい、アピールしたいポイントを強調するなど、「お客様が足を運びたくなるかどうか」という視点から照明を考える必要があります

3. 陰を意識する

照明には、店の雰囲気を左右する重要な役割があります。店内が明るいと、作業をするにはよいのですが、雰囲気という観点ではいまひとつです。あえて暗い部分をつくることで、空間にメリハリが生まれます。たとえば、明るい作業スペースに対してシャンプースペースなどは照明を少し暗くしてリラックス感を演出するなど、メリハリをつけることでお客様の心理的な満足度レベルを上げることができます

14 お客様が足を運んでみたくなる看板とサイン

♣ 目立つこと、店の雰囲気が伝わることが重要

看板は、「そこに美容室がある」ということをお客様に認知させ、店内へと誘導するための重要な役割を担っています。隠れ家的な美容室は例外として、看板は目立つことが最優先の目的です。まだ来店されたことがないお客様は、看板の素材、色、字体からも雰囲気やサービスをイメージして店を選ぶ傾向があります。よって、求めるメインターゲットの共感を得やすい雰囲気の看板をつくる必要があります。

「店の顔」である店名は、「わかりやすく」「覚えやすい」ものをつけましょう。たとえば、メインターゲットが中高年であれば、横文字の店名より、日本語の店名のほうが受け入れられやすいはずです。横文字の店名は「読めない」「覚えられない」という2つのリスクがあることを再確認しておく必要があります。

♣ 「どんな」美容室であるか、ワンフレーズ入れる

お客様から、店名の由来を尋ねられる機会もあるはずです。その際、店名に込めた心意気やストーリーがあると、店名がお客様の記憶にしっかりと残ります。

美容室の看板は「○○美容室」というケースが一般的です。こうした一般的な看板は「○○という店名の美容室である」ということは伝わります。しかし、お客様目線で見ると「店名が違うだけで、どこにでもある普通の美容室」となります。それは「どんな美容室であるか？」という点を伝えていないからです。看板にただ店名だけを記すのではなくて、「どんな」美容室であるのかという特徴やコンセプトをワンフレーズ入れることで、訴求力が大幅にアップし、競合店と大きく差別化することができます。

また、ぜひ活用してほしいのが「A型看板」という移動式の看板です。移動式なので、通行人の流れに応じて設置場所を変えられる点と、旬のメニューや企画をダイレクトに通行人にアピールできるという点で、訴求力が強いツールとなります。

062

看板の種類と目的を知っておこう

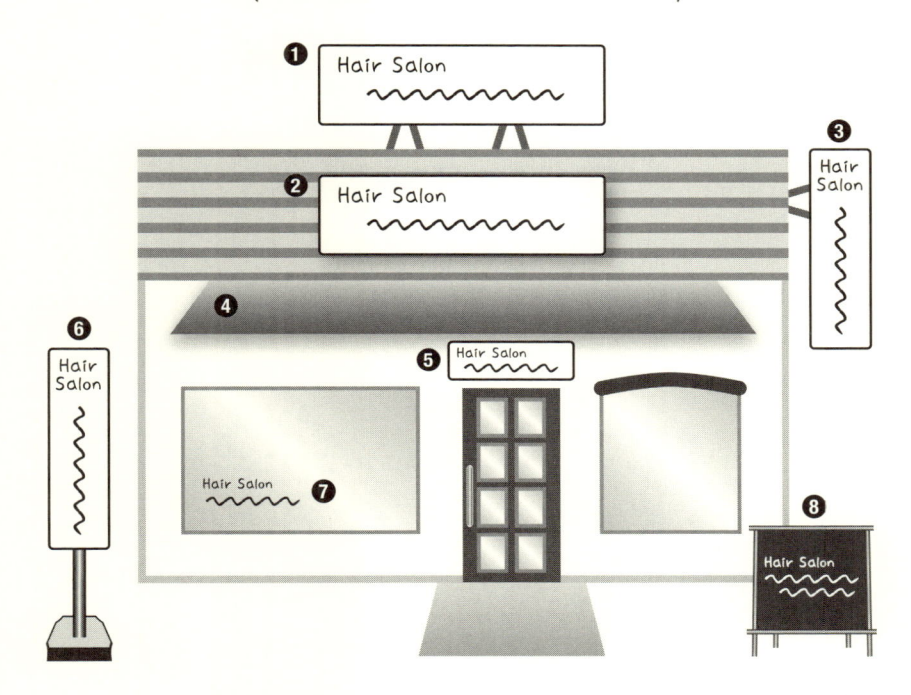

- ❶屋上看板 …………高い位置に設置することで、電車や駅などからの視認性が高まる
- ❷壁面看板 …………一般的な看板。店のコンセプトとイメージを合致させること
- ❸袖看板 ……………建物の外側に突き出した看板。位置や大きさが適切かどうか、徒歩の場合・車の場合それぞれを自分の目で確認する
- ❹テント看板 ………アットホームな演出をするのに有効
- ❺欄間看板 …………入口ドア上部に設置する看板。T字路の突き当たりなどの店舗で有効
- ❻ポール看板 ………店舗と離れた場所に設置する看板。郊外のロードサイド店など車利用のお客様の来店を促進
- ❼ウインドウサイン…窓を利用して、営業時間やメニューなどを表示する
- ❽A型看板 …………移動可能な看板。旬のメニューや企画など、臨機応変に変えられる

CHAPTER 3

これだけは知っておきたい開業融資の知識

1 開業を決意した方のための資金調達

開業を決意したものの、開業資金としてどのくらいの資金が必要なのか？ そして、開業資金が足りない場合には、どのように借入れをすればよいのか？ はじめて開業される方にとって、資金は苦手意識を持ちやすい分野かもしれません。

しかし、今後、経営者として美容室全体のお金の流れを管理しなければなりません。よって、必要最低限の財務に関する知識を学ぶ必要があります。

♣ まずは、地元密着型銀行に相談する

開業を決意したら、メインバンクを決めましょう。自己資金で賄いきれない開業費用の不足分は「日本政策金融公庫」から借入れして、不足分を賄おうと考える方が多いと思います。また、メインバンクをどの銀行にすればよいのか迷う方も多いはずです。

そこで、開業を決意したら、第一に、近くの地元密着型の銀行に足を運んで、開業の相談に乗ってもらいましょう。開業に向けて、さまざまな実務的な情報を得られるはずです。ポイントは、「地域密着型の銀行」という点です。

♣ 自己資金は、いくら用意する？

「日本政策金融公庫」から借入れを検討している方は、「事業資金の1割を自己資金で賄う」という取り決めがあるので注意が必要です。つまり、「自己資金」が100万円の場合、融資申し込み額は900万円以内となり、開業資金としての予算は1000万円以内となります。

また、親族から出資や借入れをする場合には、「出世払い」や「あるとき払いの催促なし」といった出資や借入れは「譲渡」とみなされ、贈与税が賦課されることがあるので注意が必要です。親族から借入れを行なう場合には、借用書や契約書を作成し、一定の金利を支払うようにしておきましょう。また、お金のやりとりは、手渡しではなく銀行口座を経由することで、記録として実際に返金したという証明になります。

融資申請のポイント

事業計画書
金融機関が最も重要視する項目のひとつです。「これなら事業を軌道に乗せることができるだろう」と思わせる、説得力のある事業計画にすることが必要です。

自己資金
日本政策金融公庫では「創業資金の10分の1以上は自己資金で賄う」というルールがあります。たとえば、自己資金が100万円の場合、融資申し込み金額は900万円以内となり開業資金として使える予算は1000万円以内となります。

スケジュール
融資申請は、実際に開業する店舗物件に対して行なわれます。物件が決定していなければ融資を受けることができません（面談の後、開店予定店舗に日本政策金融公庫の担当者が確認に訪れます）。融資申請は、物件探しと並行して行なうことになります。

2 はじめての開業は個人経営？ 法人経営？

開業するにあたって、「個人」として経営を行なうのか、それとも「法人」として経営を行なうのか？ 判断に迷う方も多いはずです。この問題は、個人経営、法人経営それぞれのメリットとデメリットを正しく把握すれば、簡単に解決するはずです。

♣ **法人経営のメリットを鵜呑みにしない**

法人経営のメリットは、一般的に
① 個人事業より社会的信用力が高い
② 資金調達がしやすい
③ 事業に失敗しても債務責任は出資額の範囲のみ
といわれています。しかし、これから美容室を開業しようとする方の多くは個人経営の域を出ない開業規模のため、この定義は該当しないはずです。

はじめて開業をする方が、事業形態を検討する上で重要なポイントは、ズバリ「税金」という面で「どちらが得か？」「どちらが損か？」、それぞれのメリットとデメリットを知ることです。

税金の基本的な考え方は、「売上ー経費＝所得（利益）」に対して税金がかかります。

個人経営と法人経営の違いは、「経営者の給料（役員報酬）」の取り扱いです。法人の場合は、「役員報酬」は経費計上することができます。一方、個人の場合は、オーナーの給料は経費計上することができません。最終的に売上から経費を差し引いた金額がオーナーの所得となり、この金額に対して税金がかかります。

♣ **まずは、個人経営でスタート**

したがって、オーナーの所得が多くなれば、法人のほうが節税効果は高くなります。しかし、開業当初は、想定外の出費や売上が不安定なため、法人事業のメリットを享受できるかどうかは疑問です。

また、法人設立手続きに時間と費用がかかる、社会保険の加入義務が発生する、法人事業税・法人都民税といった負担を考慮すれば、個人事業としてスタートし、軌道に乗ったら法人事業へと考えるのも一案です。

税金面から見る 法人経営・個人経営決定的な違い

個人経営

売上
ー
経費
＝
所得
↓
（所得に対して）課税

法人経営

売上
ー
経費
ー
役員報酬
↓
（残った利益に対して）課税

売上が多くなれば、節税効果は法人経営のほうが高い

しかし、法人経営に付随する各種費用と手間を総合的に判断すれば、開業直後から多くの売上が予測される場合を除き、個人経営で十分

法人経営の検討は、軌道に乗ってからで十分

3 開業準備費用はすべて経費となる

これから開業準備を進めていく上で、さまざまな費用がかかります。交通費、打ち合わせの飲食代金、書籍の購入費、各種調査費用といった、事業を営む上で必要な費用のことを「経費」といいます。経費は売上から差し引くことができるため、最終的に「利益」を減らすことになります。利益を減らすということは、支払うべき税金が少なくなるということです。

♣ どんな費用が経費となる?

基本的には、「開業準備に関わるすべての費用を経費として処理することができる」と考えて、ほぼ間違いがありません。

したがって開業準備に関わると考えられるすべての費用は、開業費用として、必ず計上しましょう。

経費として計上するためには、「領収証」を発行してもらう必要があります。領収証は「いつ、どこで、どんな経費を使ったのか」を証明する証しとなります。

もし、領収証をもらいにくい状況でも、「いつ、どこで、どんな経費を使ったのか」というメモがあれば、経費として計上できることもあります。

♣ 開業準備専用口座を開設しよう

これから、開業準備を行なっていく上で、簡単な現金の管理の方法について説明しておきます。個人名義でかまいませんから、「開業準備専用の銀行通帳」を用意してください。その上で、これから行なう開業準備に関するお金の入出金はすべて、この通帳を経由して行なうようにします。

たとえば、開業準備金として10万円を通帳に入金したとします。その中から開業準備として5万円をおろし、3万円分を使いました。使った経費の使途は、領収証が裏付けします。そして、残った2万円は、口座に再び入金します。こうすれば、開業経費を100％きちんと管理することができます。

金銭面のきちんとした管理は、サロンオーナーとして、身につけておくべき必要なスキルとなります。

070

経費はしっかり管理しよう

独立開業準備全般に関わる費用は、すべて開業費用として経費となる

＝

最終的には税金が安くなる

サラリーマン＝「給料」に対して「課税」
自営業者＝「売上」－「経費」に対して「課税」

事業を営むために必要であると考えられる費用は
ほぼ、経費として計上できる

！ 原則：領収証をもらわなければ、経費とならない

- ファッション誌やデジカメ、パソコンを買う、友達と居酒屋で情報交換する、いずれも事業を営むための費用であれば経費として認められる

▼

- 開業準備にかかった費用は、移動にかかる交通費、打ち合わせのお茶代、食事代、ノート、ボールペン購入にいたるまですべて領収証をもらっておく

※どこまで経費として処理できるかについては、節税に関するさまざまな書籍が出版されているので、開業準備に取り掛かる前に知識を持っておくといいでしょう。

4 開業までの経費はこう捉える

開業に必要な経費は幅広いため、漠然として捉えにくい事項であると思います。そこで、必要となる経費を「開業までにかかる経費」と「開業後にかかる経費」と大きく2つに分類し、開業までにかかる経費をさらに3つに分類すると、わかりやすくなるはずです。開業までにかかる経費を3つに分けると、次のようになります。

❖ ①テナント取得に関する費用

テナント取得に関する費用は、敷金、保証金、開業までの家賃など、おもにテナントを取り扱う不動産業者に対して支払う費用です。適正な家賃の目安は、想定する月間売上の10％以内と考えておきましょう。契約金は、一般的に家賃6ヶ月分の保証金と、仲介手数料として家賃1ヶ月分が必要となります。

また、一般的には、テナント契約時には火災保険の加入費用、そして工事中の家賃も発生します。

❖ ②テナント内装、改装に関する費用

テナント内装、改装に関する費用は、設計料、工事費用、内装器具・備品にかかる費用です。

はじめての開業では、オーナーの思い入れが強いため、予算がオーバーしがちです。コンセプトを反映させた内装にすることは大切ですが、予算管理はシビアに行なう必要があります。

❖ ③什器備品に関する費用

材料や商品の仕入れをはじめ、営業を行なう上で必要な什器備品の購入は、想像以上に費用がかかります。事前に必要物リストを作成し、購入先、品名、単価、購入個数をまとめておくことがポイントです。

もうひとつ忘れてはならない費用が「運転資金」です。計画通り、順調にオープン当初から売上が伸びるとは限りません。開店当初の不安定な状況でも店を維持できるよう、運転資金を確保しておきましょう。

072

開業に必要なお金

▶ **店舗の取得費用** ──────── 小計 　万円

契約金：保証金、または敷金・礼金。家賃の6〜12ヶ月分が目安	万円
仲介手数料：不動産会社への手数料。一般的に家賃と同程度が目安	万円
譲渡金：居抜き店舗の場合、設備、備品等の譲渡を受ける費用	万円
家賃：一般的に好立地ほど賃料が高くなる	万円

▶ **店舗の工事費用** ──────── 小計 　万円

外装工事：看板や照明取りつけ費用も必要。見積もりを取ることを忘れない	万円
内装工事：理想を追うほどコストがかかる。見えないところは経費を抑える	万円
設備・什器：リサイクル品の活用も重要だが、使用年数を考慮にいれる	万円
ガス・空調：ボイラーや空調は営業に支障ないことが大前提。価格だけで判断しないこと	万円
電話：電話番号は各種印刷に不可欠。早めに手配する。費用は4万円程度	万円

▶ **材料仕入れ、備品など購入費用、運転資金** ──── 小計 　万円

材料仕入れ：小回りのきく信用ある業者を選ぶ。買い掛けが可能なら、支払いは翌月に	万円
広告宣伝費：名刺・ショップカード・チラシ・HPなど広告宣伝費は早めに計上しておく	万円
運転資金：多いに越したことはないが、6ヶ月分くらいが理想	万円

▶ **あなたの開業資金** ──────── 小計 　万円

```
預貯金
親族援助(借入)
金融機関借入
```

取引金融機関名	銀行　　　　　支店
目標自己資金総額	万円
積み立て開始年月	年　月　〜　年　月
毎月の積み立て金額	万円

5 融資の種類と融資の受け方

開業資金の一部を、長年取引がある銀行から融資を受けて賄おうと考えている方も多いはずです。しかし、長年取引がある銀行であったとしても、いざ融資を受けようとすると、担保や保証人など、とても高いハードルの条件を提示されるはずです。したがって、「銀行から融資を受けることは、基本的に無理」と考えて間違いありません。

そこで、事業資金として融資を受ける一般的な方法は「日本政策金融公庫」「制度融資」を利用することになります。

♣ 日本政策金融公庫から融資を受ける

日本政策金融公庫とは、国が株式を100％保有する公的な機関で、民間の金融機関では融資を受けることが難しい経営者を支える機関です。開業予定地域によって窓口となる支店が異なりますので、ホームページで管轄の支店を確認した上で相談に行きましょう。融資を受ける上での注意点は「店舗物件が決定して

いる」こと、「開業資金の1割を自己資金で賄うという条件をクリアする」こと。そして、融資申請から、融資の実行まで、およそ1ヶ月程度かかるため、オープンに向けてのスケジュール管理には注意が必要であるということです。

♣ 制度融資を利用する

制度融資とは、都道府県や市町村など自治体で設けている公的な融資制度です。相談窓口は各自治体の融資担当となりますが、実際に融資を行なうのは提携している金融機関となります。条件は自治体によって異なりますが、自治体が金利を負担してくれるなど、有利な条件で融資を受けることができます。制度融資は通常、「信用保証協会」を利用して融資を行ないます。信用保証協会とは、経営者の保証人の立場を取ってくれる公的な機関です。なお、信用保証協会の保証によって融資を受ける場合には、信用保証協会の保証によって融資を受ける場合には、信用保証協会の保証手数料が必要となります。

事業計画作成のポイント

日本政策金融公庫の融資

開業資金の融資を受ける、最も一般的な方法は「日本政策金融公庫」から融資を受けるというもの。
民間の金融機関では融資を受けることが難しい経営者を支える国の機関です。
開業の予定地域によって、窓口となる支店が異なるので、ホームページで管轄の支店を確認して相談に行きましょう。

ポイントは

- 店舗物件が決定している（家賃や保証金などの条件を提出する）
- 開業資金の1割を自己資金で賄える

という条件をクリアすること。
融資申請から融資の実行まで、通常は1ヶ月程度かかるため、スケジュール管理に注意する。

1 相談
書類はホームページからダウンロードできるものの、最寄りの支店に足を運んで、直接説明を受けるのがお勧め

2 申し込み
創業計画書・設備投資の見積書・法人の場合は登記簿謄本など必要書類を提出して申請

3 面談・審査
面談では主に事業計画について質問を受けるので、事業運営について説明できるようにしておく

4 結果の通知
面談より10日程度で、結果見通しが通知される。この通知でよい報告の場合、融資実行と見てほぼ間違いない

5 融資の実行
正式にOKとなれば、指定口座に入金される

6 「創業計画書」作成のポイント

日本政策金融公庫に融資申請を行なうには、「創業計画書」という書類を作成する必要があります（78・79ページ）。

創業計画書は、「融資を受けようとする事業が、実現可能であり、借入金の返済を含め、金銭的に滞りなく経営することができる見通しがある」ということを伝え、それが客観的に認められる計画書でなければなりません。

もし、計画書でそれを示すことができなければ、融資を受けられないことになって、開業計画が頓挫しかねません。作成のポイントを以下にまとめます。

♣ 1 創業の動機

「第三者を納得させる」だけの、開業しようとする動機、理由を示します。

♣ 2 事業の経験等

開業後、「事業を軌道に乗せることができる」とい う裏づけとなる具体的理由を記入します。これまで蓄積してきたさまざまな経験や実績が、いかに開業に役立つかを記載して、自己アピールを行ないます。

♣ 3 取扱商品・サービス

「取扱商品」には、メニューや取り扱う予定の商品を記入します。

「セールスポイント」には、他店と比較して「セールスポイント」を記載します。オリジナリティに溢れる内容であるとともに、融資担当者に対して説得力のある内容であることが理想です。

♣ 4 取引先・取引条件等

「販売先」は「一般個人」と記入します。ターゲットとする客層が、出店エリアにおいて有望なターゲットであり、安定経営へとつながる理由の調査資料等を添付するなど、裏付けとなる資料を添付すると説得力が増します。

♣ 5 必要な資金と調達方法

「必要な資金」は、「設備資金」と「運転資金」に分けて記入します。「設備資金」は各種器材、内装工事代金、店舗の保証金などを記入し、見積書や金額記載のカタログ等を添付します。「運転資金」は2〜3ヶ月分の仕入れ代金、人件費、家賃などの金額を記入します。

「調達の方法」は、「設備資金」と「運転資金」の合計金額をどのようにして調達するのか、その調達方法を記入します。「自己資金」「親族からの資金援助・借入」で賄えない金額を金融機関からの借入金額として記入します。

♣ 6 事業の見通し

〈創業当初〉

あまり高望みせず、現実的で無理のない数字を計上しましょう。「売上予測」にはさまざまな考え方がありますが、「平均客数×平均客単価」という最も単純な方法で考えると、数字を導きやすいはずです。もちろん、その他の売上予測方法から導き出しても問題はありません。

〈軌道に乗った後〉

売上が安定してくると考えられる2〜3年後の売上予測を記入します。

〈根拠を示してください〉

各数値が、どのように算出されたのか、その根拠を記入します。

〈利益〉

借入金は、利益から返済されるために、利益から借入金の元本を返済できないような計画では、融資を受けることはできません。個人事業の場合は、生活費も考慮に入れる必要がありますから、「利益から借入元本と生活費を補える」ということが重要です。

その中でも「売上高を計算した根拠」は、開業の成否と密接に絡む、重要なポイントとなります。つまり、創業計画書を作成するということは、経験と勘で開業をするのではなく、数値によって論理的に具体化するということです。

☆ この書類は、ご面談にかかる時間を短縮するために利用させていただきます。
なお、本書類はお返しできませんので、あらかじめご了承ください。
☆ お手数ですが、可能な範囲でご記入いただき、借入申込書に添えてご提出ください。
☆ この書類に代えて、お客さまご自身が作成された計画書をご提出いただいても結構です。

5 従業員

| 常勤役員の人数
(法人の方のみ) | 人 | 従業員数
(うち家族) | 1人
(1人) | パート・
アルバイト | 0人 |

6 お借入の状況（法人の場合、代表者の方のお借入（事業資金を除きます。））

お借入先名	お使いみち	お借入残高	年間返済額
○○銀行○○支店	□住宅 ☑車 □教育 □カード □その他	76万円	24万円
	□住宅 □車 □教育 □カード □その他	万円	万円
	□住宅 □車 □教育 □カード □その他	万円	万円

7 必要な資金と調達方法

必要な資金	金額	調達の方法	金額
設備資金：店舗、工場、機械、備品、車両など （内訳） ・店舗内外装工事（設備工事含む） 　（○○社見積のとおり） ・セット椅子　3台 　（○○社見積のとおり） ・シャンプー台　2台 　（○○社見積のとおり） ・什器・備品類 　（○○社見積のとおり） ・保証金 **見積書などを添付してください。**	890万円 600 30 40 100 100	自己資金	300万円
		親、兄弟、知人、友人等からの借入 （内訳・返済方法）	万円
		日本政策金融公庫　国民生活事業 からの借入　元金7万円×72回(年○○%)	500万円
		他の金融機関等からの借入 （内訳・返済方法） ○○信用金庫 元金3万円×67回(年○○%)	200万円
運転資金：商品仕入、経費支払資金など （内訳） ・消耗品等仕入 ・広告費等諸経費支払	130万円 30 100	**金額は一致します。**	
合計	1,000万円	合計	1,000万円

8 事業の見通し（月平均）

	創業当初	軌道に乗った後 (　年　月頃)	売上高、売上原価（仕入高）、経費を計算された根拠をご記入ください。
売上高 ①	95万円	142万円	<創業当初> ①売上高 　平均単価　6,000円(6,000円×3台×2回転×26日=93万円) 　ヘアケア商品販売　月2万円 ②原価率　15% ③人件費　専従者1人(妻)10万円 　家賃　10万円 　支払利息（内訳) 　　500万円×年0.0%÷12カ月=0万円 　　200万円×年0.0%÷12カ月=0万円 　　　　　　　　　　　　　計2万円 　その他光熱費、消耗品等　20万円 <軌道に乗った後> ①2回転→3回転（勤務時の経験から） ②当初の原価率を採用 ③人件費、アシスタント1人増　15万円増　その他諸経費10万円増 （注）個人営業の場合、事業主分は含めません。
売上原価 ② （仕入高）	15万円	22万円
経費：人件費(注)	10万円	25万円
家賃	10万円	10万円
支払利息	2万円	2万円
その他	20万円	30万円
合計 ③	42万円	67万円
利益 ①-②-③	38万円	53万円

人件費は、従業員数もわかるようにしてください。

支払利息（月間）は、「借入金×年利率÷12カ月」で算出します。

ほかに参考となる資料がございましたら、計画書に添えてご提出ください。
（日本政策金融公庫　国民生活事業）

日本政策金融公庫　https://www.jfc.go.jp/n/service/pdf/kaigyourei02_140203.pdf

創業計画書

〔平成　年　月　日作成〕

お名前　○○○○

> 創業のきっかけ、経歴、技術、事業の特徴などのポイントを記入してください。

1　創業の動機（創業されるのは、どのような目的、動機からですか。）

- 美容業に従事して12年、現勤務先での固定客もついてきたため、同じ美容師の妻とともに、店を持つことにした。
- ○○駅の近くの住宅地に良い物件を見つけたため（ショッピングセンターへの通り道に面したビルの1階）

2　経営者の略歴等

経営者の略歴

年　月	内　容	公庫処理欄
平成○年○月	○△美容専門学校卒業	
平成○年○月～	美容室△△　4年勤務	
平成○年○月～	ヘアサロン○○　8年勤務（現在の月給25万円）	
平成○年○月	退職予定（退職金80万円）	

過去の事業経験

- ☑ 事業を経営していたことはない。
- ☐ 事業を経営していたことがあり、現在もその事業を続けている。
- ☐ 事業を経営していたことがあるが、既にその事業をやめている。
  （⇒やめた時期：　　年　　月）

取得資格

☐ 特になし　☑ 有（美容師免許（平成○年○月取得）・管理美容師資格（平成○年○月取得）　　　）

3　取扱商品・サービス

	取扱商品・サービスの内容	公庫処理欄
①	カット（シャンプー、ブロー込み）3,500円　（売上シェア　98　%）	
	・カラー（カット、シャンプー、ブロー込み）8,000円	
	・パーマ（同上）10,000円　（売上シェア　　　%）	
	・トリートメント　1,500円	
②	ヘアケア商品販売（シャンプー等）1,500円　（売上シェア　2　%）	

セールスポイント

- 髪にやさしい天然ハーブを主原料としたヘアケア剤（シャンプー等）を使用する
- ハーブティのサービスと10分間のヘッドマッサージのサービスで、顧客に「癒し」を提供する

4　取引先・取引関係等

	取引先名（所在地等）	シェア	掛の割合	取引割合	回収・支払の条件	公庫処理欄
販売先	一般個人（現勤務先での固定客200人）→近くにショッピングセンターあり、人通りが多いため、新規客を獲得しやすい	%		%	即金　日〆　日回収	
		%		%	日〆　日回収	
	ほか　　社	%		%	日〆　日回収	
仕入先	（株）○○商事（○○区○○）（現勤務先の仕入先）	50%		100%	末日〆　翌末日支払	
	（株）××会社（○○区○○）（現勤務先の仕入先）	50%		100%	末日〆　翌末日支払	
	ほか　　社	%			日〆　日支払	
外注先	（　　　　　　）	%		%	日〆　日支払	
	ほか　　社	%		%	日〆　日支払	
人件費の支払	末日〆		翌15日支払（ボーナスの支給月　　　月、　　　月）			

> - 販売先・仕入先との結びつきがあれば記入しましょう。契約書・注文書などがあれば添付してください。
> - 販売・仕入条件について確認しておく必要があります。立地選定理由についても触れましょう。
>
> - 借入金の返済元金はここから支払われることになります。
> - 個人営業の場合、事業主分の人件費はここに含まれます。

7 平均的な経費バランスを把握しておく

開業した後に、毎月どのくらいの経費が必要になるのか？

美容室経営における経費を把握しておくことは、事業計画を検討する際、必ず役に立ちます。左のグラフは、個人店の平均的な経費割合を示したものです（オープン直後は予定外の経費がかかるため、例示した経費バランスは、平均的な店の経費割合です）。

❇ 家賃は、売上予測の10％以内が理想

持ち家で開業される方を除き、家賃は、売上の多寡にかかわらず、毎月一定額が必要となる経費で、売上の10％以内が目安となります。

テナントを探す際には、

① どのくらいの売上が見込めるテナントなのか？
② 「予測売上に対して、家賃は10％以内であるか？
③ その売上を上げるのに、必要なスタッフ数は？
④ その場合、人件費は売上の40％程度に収まるか？

これらの側面からも検討することが大切です。

❇ 経費バランスはあくまで参考指数

そうはいっても、コストバランスはあくまでひとつの目安であり、必ずしも「こうでなければならない」というものではありません。

家賃が売上の10％を超えたとしても、それ以上に集客できる立地というケースもありますし、その反対の場合もあります。

また、少しでも多くの利益を捻出しようと人件費を抑えるほど、お客様に提供するサービスレベルが低下することになります。

材料は、こだわればこだわるほど、より高品質なものとなり、その結果、売上に占める材料費の割合が10％を超えるケースも多く見られます。仕入れ単価の高い材料を使うのであれば、自信を持って価格に転嫁できるものを選ぶ必要があります。そして、「それが"お客様満足"へとつながっているかどうか」を検証する必要があります。

平均的な美容室の経費バランス

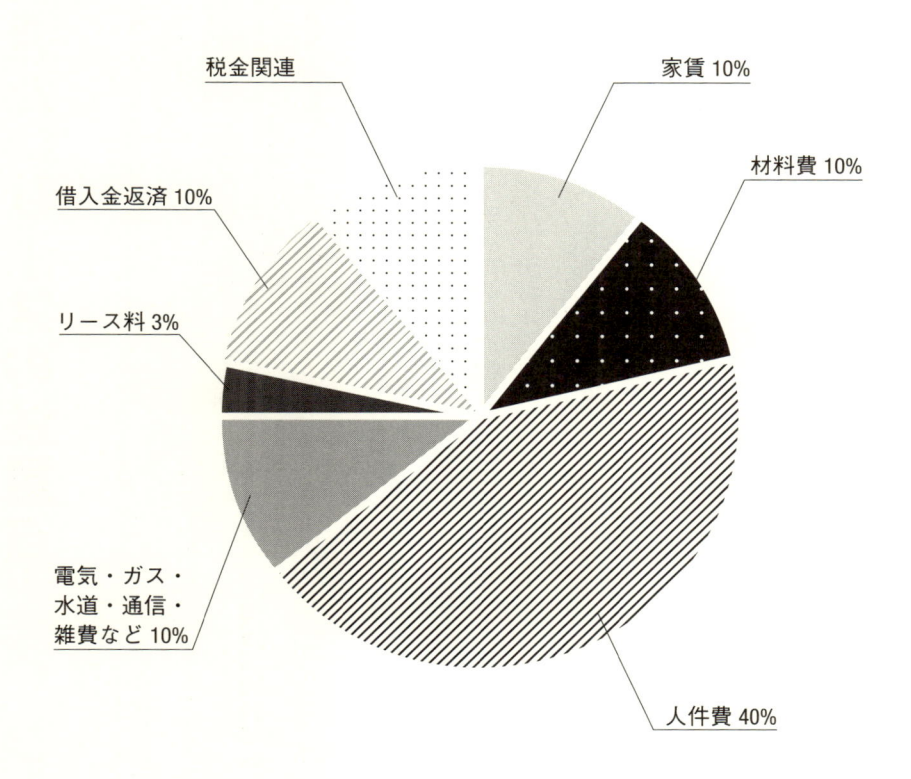

- 家賃 10%
- 材料費 10%
- 人件費 40%
- 電気・ガス・水道・通信・雑費など 10%
- リース料 3%
- 借入金返済 10%
- 税金関連

知っておきたいリースの注意点

設備や機材などを「リース」で調達しようかと検討している方も多いはずです。リースとは、購入すると、大きな資金を必要とする設備や機材を、所有者（リース会社）から貸してもらう仕組みのことです。その対価として、毎月一定額を「リース料金」として、リース会社に支払います。

♣ リースのメリット・デメリット

リースは、簡単な手続きでスピーディに設備や機材を調達することができるというメリットがあります。

しかし、左ページのようなデメリットもあるため、導入する際には慎重に検討することが大切です。たとえば、レジ一体型のコンピュータは、毎月のリース料金を合計すると、トータルでは驚くべき金額となります。

家電量販店で一般的なレジスターを購入し、パソコンとエクセルで売上・顧客管理をするという方法でも、十分に対応することができます。もしも、それでは不十分であれば、経営が軌道に乗ってからリースの導入を検討しても、決して遅くはないはずです。

♣ 借入金の返済目安は5年

限られた予算の中で、効率よく開業準備を進めるためには、「本当に、必要な物か？」「今すぐ必要なのか？」など、優先順位をつけて検討しましょう。

金融機関から融資を受けた借入金は、いずれ返済しなければなりません。目標としては、5年をメドに返済するように返済計画を立てましょう。

借入金の返済が終了すると精神的にも楽になります。そして、オープンして5年も経てば、内装や設備に少しずつ不具合が生じ、修繕費用がかかるようになり、リニューアルを検討しなければならない時期へと差しかかります。

このように、長期的な視点からも「リース」は慎重に検討する必要があります。

082

知っておきたい リースのメリット・デメリット

メリット

① 一度に多額の資金を必要としないので、資金繰りが楽になる
② 簡単な手続きでリースを受けられる
③ 設備の陳腐化を防ぐことができる
④ 貸借対照表を悪化させず、設備投資ができる
⑤ コスト管理が簡単で経営計画が立てやすい
⑥ リース会社が設備の廃棄処分を行なう

デメリット

① リース料金が固定
② 中途解約ができない
③ リース期間が長い
④ 借入による購入より割高となる
⑤ 破損した場合は、借主が修理
⑥ リース終了後は返却または再リース。返却する場合、費用は借主が支払う

知っておきたい貸借対照表

「貸借対照表」とは、ひと言でいうと、今現在、どれだけの「資産」と、どれだけの「負債」があり、純資産はどれだけあるのか」を示した表のことです。その中でも、目を光らせておくべき資産のひとつが「棚卸資産」、いわゆる「在庫」です。

より多くのお客様のニーズに応えようとすればするほど、商品アイテムが増えて、棚卸資産の増加につながりがちです。毎月、商品や材料の棚卸しを行ない、不良在庫はないか、商品や材料の在庫数は適切か、確認しましょう。棚卸資産の増加によって資金繰りを圧迫しないよう、注意が必要です。

♣ 粗利を上げれば利益も上がる

棚卸資産に関連して、損益計算書（次項参照）に「売上総利益」という項目があります。売上総利益とは、「総売上」から「売上原価」を差し引いた金額で、「粗利」ともいわれます。

たとえば、Aサロンの毎月の総売上が200万円で粗利率が90％、Bサロンの毎月の総売上が200万円で粗利率が80％とすると、Aサロンの粗利額は180万円、Bサロンは160万円となります。同じ売上でも、毎月20万円、年間にすると240万円もの手取額に差が出るのです。売上を上げることに目を向けるのも大切ですが、粗利率を上げ、かつ棚卸資産を圧縮するということも、健全な経営のために不可欠な取り組みとなります。

♣ 薬液の適正使用量をルール化しよう

粗利率を高める上で最も効果的な方法は、パーマ液、カラー剤、シャンプー、トリートメント類を節約することです。したたるほどの薬液の塗布、カラー残液を捨てるといったムダは、早急に改善する必要があります。

たとえば、薬液の適正使用量を定めておいて、使うたびに使用量をカルテに記入することをルール化すると、材料のムダ使いが解消され、粗利率を高めることができます。

貸借対照表の簡単な見方

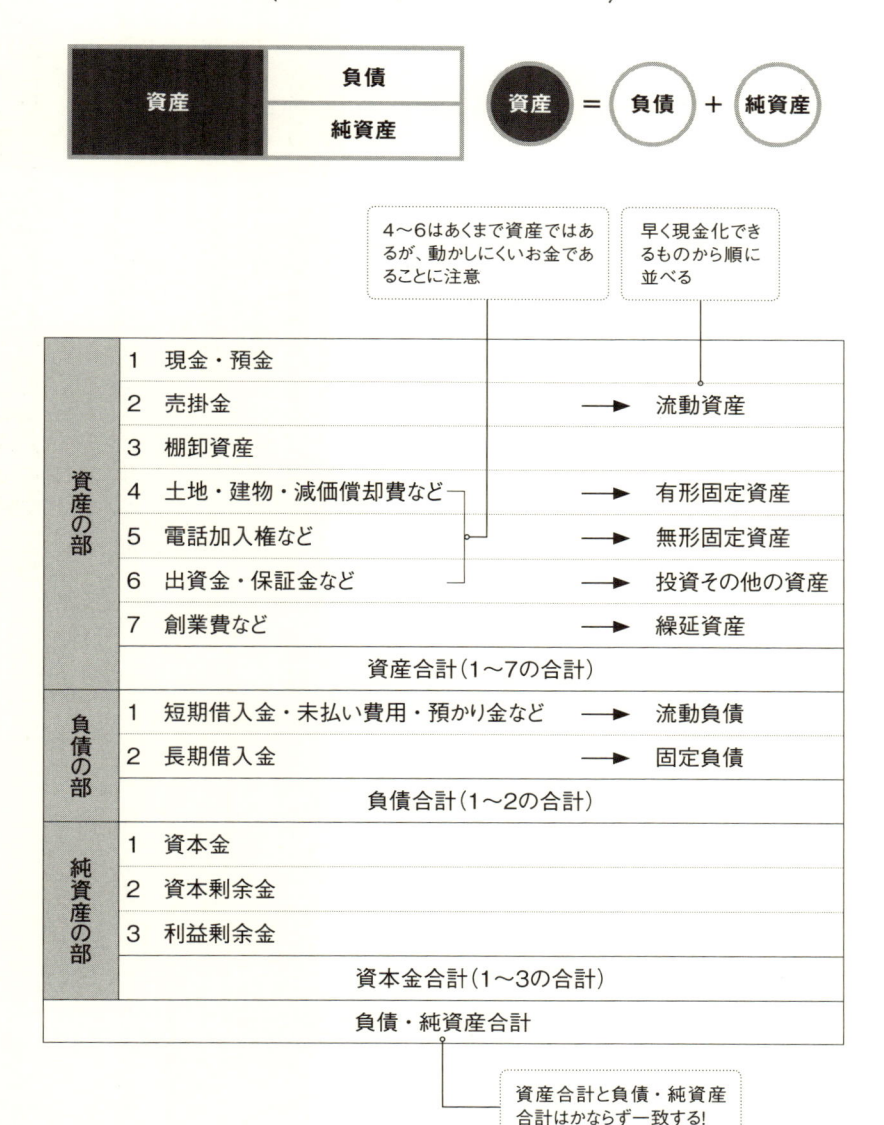

資産 = 負債 + 純資産

資産の部	1	現金・預金		
	2	売掛金	→	流動資産
	3	棚卸資産		
	4	土地・建物・減価償却費など	→	有形固定資産
	5	電話加入権など	→	無形固定資産
	6	出資金・保証金など	→	投資その他の資産
	7	創業費など	→	繰延資産
	資産合計（1〜7の合計）			
負債の部	1	短期借入金・未払い費用・預かり金など	→	流動負債
	2	長期借入金	→	固定負債
	負債合計（1〜2の合計）			
純資産の部	1	資本金		
	2	資本剰余金		
	3	利益剰余金		
	資本金合計（1〜3の合計）			
負債・純資産合計				

- 4〜6はあくまで資産ではあるが、動かしにくいお金であることに注意
- 早く現金化できるものから順に並べる
- 資産合計と負債・純資産合計はかならず一致する！

10 損益計算書は店の成績表

美容室経営を行ない、一定期間の収益と費用を明確にして、最終的にどれだけの利益があったのかを表わす経営の成績表のことを「損益計算書」といいます。損益計算書を作成することで、現在の店の経営がどういう状況であるのかという全体像を具体的に把握することができます。

♣ 損益計算書で押さえるべき項目

損益計算書において、押さえておくべき重要な項目は「3 販売費・一般管理費」です。店舗運営では、そのうちの②、④、⑤の経費を見直すことが大切です。その経費を見直す際には、

①本当にその経費が必要なのか？
②コストダウンにつながる代替品はないか？
③長期的に考えた場合、費用対効果はどうなのか？

という角度から、すべての経費を定期的に再検討することが重要です。

スタッフの要望やお客様満足度を追求するほど、コストアップにつながりがちなので、定期的に経費をチェックすることも、オーナーの重要な仕事です。

♣ 減価償却費とは？

損益計算書の中で最も理解しにくい項目は、「減価償却費」だと思います。

減価償却とは、初期投資をした店舗関連費用において、償却資産として認められる固定資産の購入経費に関しては、数年度に分けて経費として計上することができるということです。

つまり減価償却費とは、すでに支払ってしまっている金額を計算上だけで経費として扱いますので、実際にはその分の現金が残るということになります。

たとえば、店舗工事費用2000万円を償却期間10年間の減価償却費として計上でき、償却後の資産価値としての残存率を10％とした場合、定額法では毎年180万円を10年間経費として計上することができます。

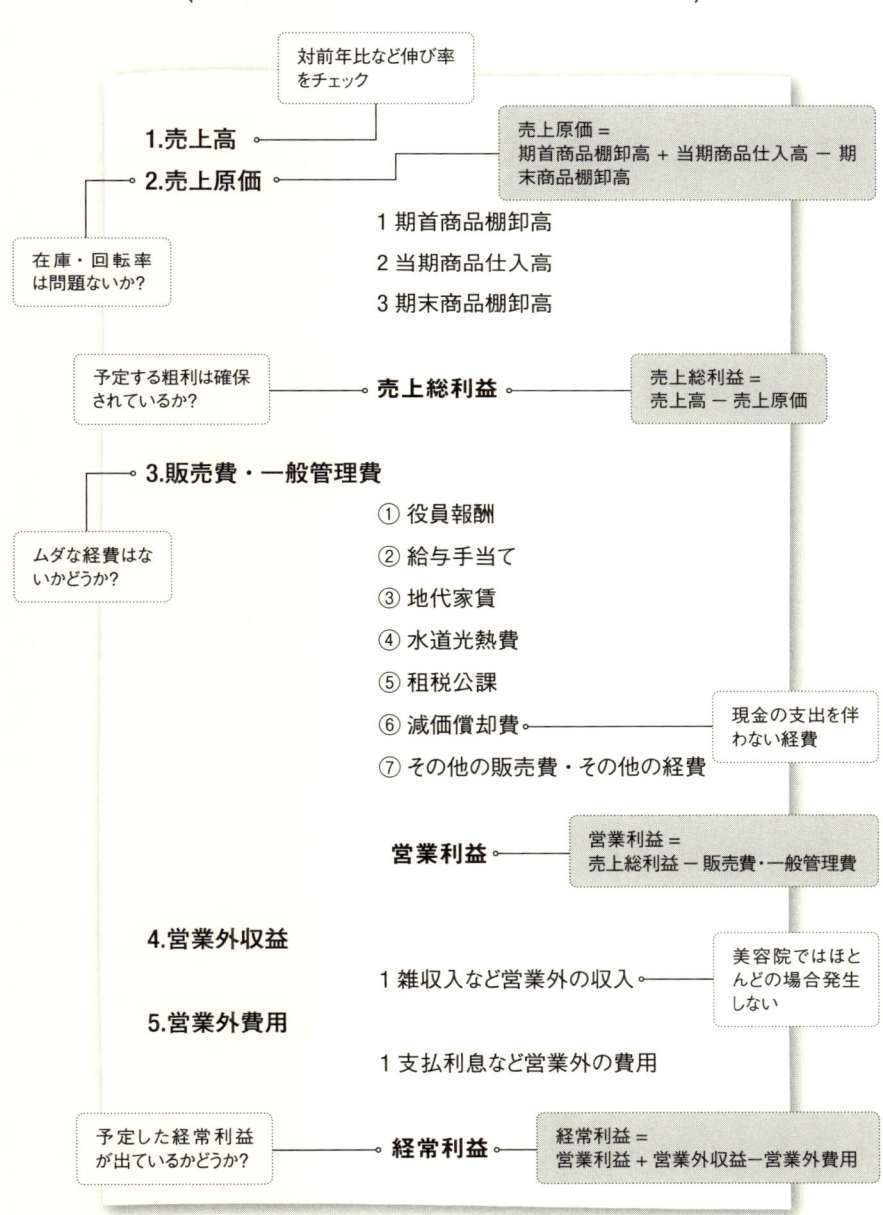

これだけは押さえておきたい損益計算書

1. 売上高 — 対前年比など伸び率をチェック

2. 売上原価

売上原価 ＝ 期首商品棚卸高 ＋ 当期商品仕入高 － 期末商品棚卸高

在庫・回転率は問題ないか？

1 期首商品棚卸高
2 当期商品仕入高
3 期末商品棚卸高

売上総利益

売上総利益 ＝ 売上高 － 売上原価

予定する粗利は確保されているか？

3. 販売費・一般管理費

① 役員報酬
② 給与手当て
③ 地代家賃
④ 水道光熱費
⑤ 租税公課
⑥ 減価償却費 — 現金の支出を伴わない経費
⑦ その他の販売費・その他の経費

ムダな経費はないかどうか？

営業利益

営業利益 ＝ 売上総利益 － 販売費・一般管理費

4. 営業外収益

1 雑収入など営業外の収入 — 美容院ではほとんどの場合発生しない

5. 営業外費用

1 支払利息など営業外の費用

経常利益

経常利益 ＝ 営業利益 ＋ 営業外収益 － 営業外費用

予定した経常利益が出ているかどうか？

必ず押さえておきたい労働生産性

売上に占める人件費の割合のことを「人件費率」といいます。一般的に、多くのスタッフを雇用するとすればするほど、お客様の満足レベルを高めようとすれば、お客様満足度が向上し、売上アップへとつながっているのであれば、問題はありません。しかし、そうでない場合には、人件費率の高さが経営状態を悪化させることにつながります。

したがって、売上と人件費のバランスが適正であるかどうかということは、健全なサロン経営を営む上で、とても重要なポイントとなります。

✤ 「人件費率が高い」＝「労働生産性が低い」

「何人のスタッフで、いくら売上を上げたのか」を数字で表わしたものを「労働生産性」といいます。

「月間売上」÷「スタッフ人数」＝「スタッフ1人あたりの月間平均労働生産性」となります。

人件費率が高いということは、表現を変えれば「労働生産性が低い」ということです。

労働生産性を上げる方法は、「売上（客単価）を上げる」、または「人員を削減する」、この2つしかありません。

✤ 新規スタッフ採用の基準は「労働生産性」

スタッフ退社に伴い、新規スタッフを採用すべきかどうか検討する場合には、労働生産性の観点を取り入れることをお勧めします。

たとえば「スタッフ1人あたりの平均労働生産性が70万円を超えた場合に、スタッフを1人採用する」というように、スタッフ1人あたりの平均労働生産性から新規採用基準を決めておけば、人件費率の増加による利益率の低下を防ぐことができます。

スタッフ退社に伴い、新規スタッフ採用を見送るということは、効率という側面から、これまでのサロンワークのあり方を見直す必要に迫られるということです。

これは、健全な財務状態へと導くための、有効な取り組みとなります。

労働生産性から考えるお店の改善点

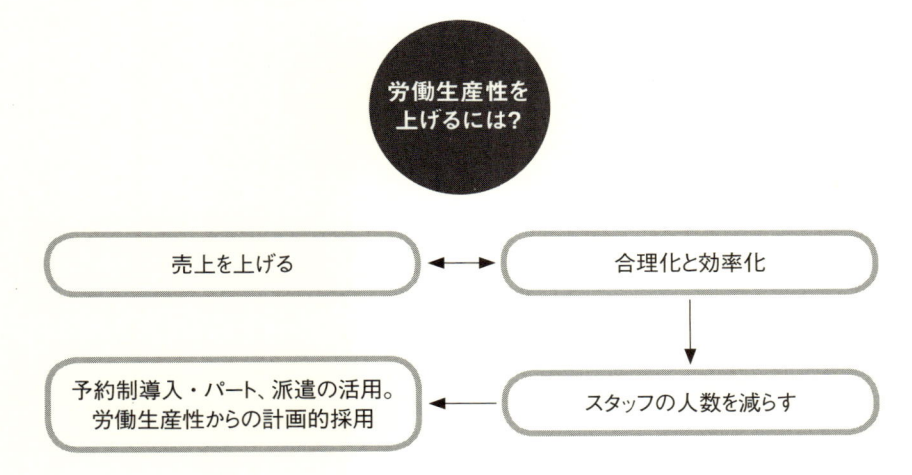

労働生産性を上げるには？

売上を上げる ⇔ 合理化と効率化

↓

予約制導入・パート、派遣の活用。
労働生産性からの計画的採用 ← スタッフの人数を減らす

パート、派遣の活用メリット

✓ 正社員よりも、スピーディーに採用しやすい。
✓ 曜日・時間帯・季節などスポット的に効率活用ができる。
✓ 総人件費が少なくてすむ。
✓ 労働生産性を高めることができる。

CHAPTER
4

サロンの将来を左右する！オープニング戦略

テナント契約後のスケジュール

♣ オープンまでのタイムスケジュールを見直す

テナントを契約し、内装工事が始まると、オープンに向けての最終段階へと入ります。すべての準備を滞りなく完了させなければならないために、どこから先に手をつければよいのかパニックに陥りがちです。こうした事態を防ぐために、テナント契約を行なった段階で、オープンまでの準備内容を具体的にした上で、タイムスケジュールを再検討し、行程表を作成しておきましょう。

♣ テナント契約後、ただちに取り組む準備

テナントを契約したら、ただちに手配することのあるうちに、日本政策金融公庫への正式な融資申請、内装工事発注、器材発注、電話番号の取得、スタッフ募集の手配を済ませておきます。

① スタッフ採用に関わる準備

求人広告の準備をし、給与規程、服務規程、マニュアルを作成します。

② 集客と固定化の準備

オープン販促チラシの原稿は、遅くとも内装工事の前半には完成させておきます。そのためには、定休日、営業時間、メニュー、料金を最終決定しておく必要があります。また、カウンセリングシート、ショップカード、名刺の作成など、事務的な準備に予想以上に時間を取られます。ホームページを作成する場合には、オープニングチラシを配布する前までにアップできるよう準備を行ないます。

③ 什器備品・材料の準備

事務用品、業務用資材、材料の発注は、時間的余裕のあるうちに、前もって「何を・どこで・どれだけ購入するのか」を一覧表にまとめておくとスムーズに運びます。

刻々と近づくオープンに向けて、すべてを同時に進めなければなりません。より効率的にすることを最優先させて、計画を立てることが不可欠です。

オープニングスケジュール

テナント契約
- 店頭挨拶貼り紙
- ご近所への挨拶開始
- 電話番号取得
- 国民生活金融公庫、金融機関融資手続き

内装工事発注
- 仮オープン予定日決定
- 第1回求人募集（採用したスタッフから順次教育開始）必要に応じて第2回、第3回募集
- メニュー、料金決定
- チラシ原稿最終決定。部数、折込み先決定
- 各種販促ツールの作成、注文
- 名刺、ショップカード、メンバーズカード発注
- 店内印刷物最終仕上げ

工事引き渡し
- 店内備品購入、商品発注、納品

サロン内覧会
- 折込みチラシでご近所への内覧会の挨拶

ご近所の方限定ご招待
- ご近所の方限定ご招待チケット配布
- 折込みチラシ（ポスティング）
- 両替金準備
- スタッフ最終教育チェック
- 店内最終チェック
- スタッフの総合チェック

プレオープン
- プレオープン折込みチラシ（ポスティング）
- スタッフの総合チェック

グランドオープン
- グランドオープン折込みチラシ（ポスティング）

② オープン集客の重要性を再確認

✤「オープン集客」が安定経営の分かれ道

オープン後4ヶ月の数字で、1年後の売上が予測できるといわれます。「オープンから4ヶ月でどれだけのお客様に来店いただくか」ということが、今後のサロン繁栄を大きく左右するということです。よって、オープン集客の戦略は、時間をかけて慎重に練る必要があります。

消費者は必ず、オープンした店のお客様の利用状況をチェックしています。オープン直後から継続して店内がお客様で混雑していれば、いずれその店に行ってみたいという気持ちになります。反対に、オープンしたものの、店内が閑散としている状態が続くと、その店に行ってみたいという気持ちにはならないはずです。

そして、そこには口コミが発生するということを忘れてはなりません。「最近オープンした美容室、お客さんでいっぱいだったよ！」と聞くと、その店に足を運んでみたくなるはずです。

オープン戦略は、長期的な視点で将来のお客様を確実に獲得するための、戦略的な総合プロデュースとして検討する必要があります。そのためにも、しっかりと時間をかけてオープン集客の作戦を練っておきましょう。

✤ オープン1年間の総客数の約4割が新規客

オープン1年間の総客数のうち、約4割が新規客で構成されているという調査結果があります。

また、オープン1年間の新規客の約5割を、オープン4ヶ月の新規客が占めるというデータもあります。これらのデータから、オープン集客がいかに重要であるかということを、あらためて理解していただけるはずです。

一般的に、オープンから3ヶ月を経過した頃から、消費者の注目度、関心度は次第に低下して、新規客の来店は減少してきます。それに備えて、事前に戦略を立てておく必要があるのです。

4章 サロンの将来を左右する！オープニング戦略

こんなに大切なオープン集客

オープン1年間の総客数のうち約4割が新規客

オープン1年間の総客数が5,000人だとすると
約4割の2,000人が新規客

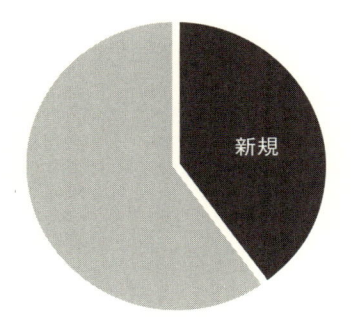

(新規)

1年間の総客数

オープン1年間の新規客の約5割がオープン4ヶ月以内にご来店の新規客

オープン1年間の新規客が2,000人だとすると
約5割の1,000人がオープン後4ヶ月の間にご来店

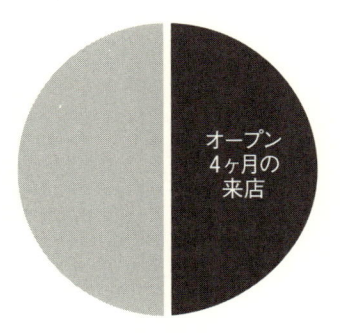

(オープン4ヶ月の来店)

オープン1年間の新規客数

オープン4ヶ月間でどれだけの新規客に
ご来店いただけるかで成否が決まる！
だからこそ、オープン集客は本当に大切

3 オープン前からお客様を獲得しよう

♣ 店頭オープニング挨拶で口コミにつなげる

オープン後に、店に足を運んでくださる可能性が最も高いのは、店舗から半径500メートルの第一次商圏の消費者です。そして、パレートの法則から、第一次商圏の消費者の約2割のお客様によって、売上の約8割が生み出されると推測できます。

そこで、第一次商圏の消費者に対して「この地域で美容室を開業させていただきます」と挨拶しておくことで、よい印象を持ってもらいましょう。

テナント契約をしたらすぐ、店頭に開業のご挨拶を貼り出します。同時に「ご自由にお持ちください」と書いた開業の挨拶チラシを準備しておきます。

挨拶チラシのポイントは、読んだ方が親しみを感じ、心意気やコンセプトに共感してもらえる内容にするということです。オーナーの顔写真や自己紹介、開業におけるこだわりなど、オーナーの人柄が消費者に伝わる内容にするという点がポイントです。店頭挨拶と、

開業の挨拶チラシ、オープン案内は、はじめての挨拶、途中経過報告、そして最終オープンの挨拶と内容を進化させることで、消費者はより親近感を抱くはずです。

このように、店頭を活用して、内装工事の段階から消費者と接点を持つことで、新規オープンの噂は驚くほどのスピードで、商圏の消費者の耳に伝わることとなります。

♣ 商圏の消費者の声に耳を傾け顧客へと導く

テナントが決まったからといって、安心してはいけません。オープンに向けての戦略を検討する上で、時間の許す限り商圏の消費者の声に耳を傾けることで、さまざまなヒントを得ることができるはずです。

そして、新規オープンに向けて意見を求められた消費者は、そのひたむきな姿勢に共感するはずです。オープニングのご案内をさせていただけるように、住所とお名前を伺っておきましょう。

096

4章 サロンの将来を左右する! オープニング戦略

\ オーナーのこだわりを書いた貼り紙 /

はじめまして!

このたび、こちらで美容室を
営業させていただく運びとなりました。

地域の皆さまに、
少しでもくつろいでいただきたい!
そんな願いをこめて、お店の名前は
「オアシス」とさせていただきました。

オープンは 4 月 1 日を予定しております。
そのための準備に奮闘中の毎日です。
皆さまに少しでも喜んでいただけるよう、
全力でがんばっていくつもりです。
どうぞよろしくお願いいたします。

※店舗工事中はご迷惑をおかけいたしますが、
　何卒ご容赦くださいませ。
　　　　　　　　　　　　　　店主 〇〇〇〇

4 オープン挨拶でご近所を味方につけよう

♣ 商圏のご近所さんは"口コミパートナー"

テナントが決定したら、これから商売をさせていただくことになる地域の皆さまに対して、開業の挨拶をしていきましょう。それによって、ご近所さんがあなたの店の強力な口コミパートナーになってくれる可能性が高まるのです。

開業の挨拶に伺いましょう。この時、開業の挨拶チラシと挨拶代わりのお土産を持って行きます。

この取り組みは、オープン集客という目的だけではなく、開業に向けて新規採用をしたスタッフのモチベーションとチームワークを高めるという目的も兼ねています。

開業の挨拶文は、「直接会うことができた方用」と、「不在用」の2パターンを準備し、不在の折には不在用の挨拶文をポストに投函しておきます。

♣ 挨拶が宣伝のベースになる

このように、オープンに先駆けて集客準備を行なっておくと、新店オープンの情報は、あっという間に街中に広がります。

コンセプトをはじめ、新店オープンに関するさまざまな情報をあらかじめお知らせすることで、消費者の新店に関する注目度、関心度がより強くなります。

その上で、あらためてオープニングの案内を行ないます。このひと手間をかけるのと、かけないのとでは、オープン販促の結果に大きな差が生まれます。

どんなに有名店での経験があったとしても、繁栄のためにチラシを何枚撒いたとしても、地域の消費者に応援していただけるかどうか、です。

そして、そのための第一歩は、これからお世話になる商圏の皆さまに対する謙虚さと、思わず応援したくなってしまうオーナーの開業における想い、人柄を地域の皆さまに伝えるということです。

採用したスタッフ全員で手分けをして、一軒一軒、

オープン集客のチラシ（不在用）

ご近所の皆さまへ

ご挨拶

こんにちは！
このたび、この地域で美容室をオープンさせていただく運びとなりましたので、ご挨拶に伺いました。お留守のようでしたので、失礼ながらご挨拶をポストに投函させていただきました。

申し遅れましたが、私、代表の岡野マミと申します。
どうぞよろしくお願い申し上げます。
地域の皆さまに、美容室で少しでもくつろいでいただきたい、そんな願いで
お店の名前は「**オアシス**」と名づけました。
お店は「**癒し**」をテーマにしたいと考えておりますので、どうぞご期待ください！

オアシスの「癒し」とは？

- ☐ まず、なんと言っても、私の唯一の取り柄の笑顔でお客様の心を癒します！
- ☐ 店内のBGMはすべて癒し系の音楽にして、くつろいでいただこうと思っています！
- ☐ お待ちの時間には、ハーブティーをご用意させていただきます！
- ☐ お疲れのお客様に少しでも楽になっていただきたい、そんな願いから、心を込めてマッサージさせていただきます！

オープンは4月1日を予定しています。
どうぞ、お楽しみに！

オアシスオープン準備に奮闘中の岡野マミ日記をブログに書いています。
どうぞ、見てやってくださいね！
➡URL：www.xxx.jp/

（2枚目に地図とメニュー、料金を入れています）

「内覧会」でオープン客を確実に確保する

♣ ヘアスタイル相談ともらってうれしい特典を準備する

店舗の内装工事が終了したら、近所の方々を招待して、できたてホヤホヤの店に足を運んでいただきましょう。

新店のお披露目の方法と企画については、ご近所への開業の挨拶の際にお渡しする開業案内チラシに、新店お披露目会の招待チケットと、お越しいただいた方への特典を記しておきます。

「ヘアスタイル相談会」や「ウイッグ展示」といった企画とセットで打ち出すと、参加者を増やすことにつながります。来店の特典は、もらってうれしい、少しお得感のある特典を準備しておきましょう。

また、飲み物やお茶菓子なども準備しておきます。来店いただいたお客様には、特典とは別に、オープン後に利用できる「優待チケット」も同封しておきます。

♣ 一度足を運べば、来店への抵抗感はなくなる

新店をお披露目するもうひとつの理由は、1人でも多くの方に、店内に足を踏み入れていただくことで、新店への心理的抵抗をなくし、オープン後にご来店いただくことです。

内覧会でオーナーやスタッフと触れ合うことで、お越しになったお客様は、新店に対して親しみを覚えます。そうしたお客様は、新店の応援団となって、率先してプラスの情報を口コミしてくださる強い味方となるはずです。

店頭に貼り紙をしたり、開業の挨拶に回ったりするのも、「新店に親しみを感じてもらう」ことが目的です。これが、オープン後の来店をより確実にするのです。

お越しいただいたお客様には住所、氏名を伺い、後日、来店に対するお礼の手紙を送ります。その上で、オープン直前にあらためてオープンの案内状をお送りし、確実に集客へとつなげていきます。

100

4章 ● サロンの将来を左右する! オープニング戦略

6 オープニングチラシの基礎知識

❖ 日頃から問題意識を持って研究する

オープンにあたり、新聞折込みチラシを入れる場合は、市場調査や商圏分析の結果をもとに、チラシを入れるエリアを前もって検討しておきましょう。

また、購読者層や販売部数は、新聞社によって異なるため、各新聞販売店に連絡を取り、事前に確認しておきます。

どの新聞に何曜日に（オープンの何日前に）チラシを入れるのかという点も、事前に検討しておく必要があります。「いつ、チラシを入れると最も効果が高いのか？」。このように、日頃から目的意識を持ってチラシを読み取ることで、多くのヒントが得られるはずです。

新聞折込みチラシ以外にもさまざまな広告媒体がありますから、求める顧客ターゲットに強い広告媒体を事前に検討しておきましょう。

❖ 効果のあるチラシをつくるポイント

チラシやホームページなど、販促広告の作成は、多くの方にとってはじめての経験となるはずです。特に注意が必要なのは「カッコいいチラシ」が「来店につながるチラシ」とは限らないという点です。

もうひとつの注意点は、印刷業者はあくまで「印刷の専門家」であり、「集客できるチラシ制作の専門家ではない」ということです。つまり、集客できるチラシは自分で考えなければならない、ということです。

したがって、集客できるチラシ作成の情報を集め、ポイントを学習しておく必要があります。業種を問わず、さまざまなオープニングチラシ、気になるチラシをすべてファイリングしておきましょう。

「メインターゲットは誰か？」「オープニング企画のウリは何か？」「どのようなコンテンツが落とし込まれているか？」「どんなライティング？」という点を重点的に見て参考にします。

102

4章 サロンの将来を左右する！ オープニング戦略

OASIS 美容室 オアシス

平成26年9月29日までオープニングフェア

オープン

パーマ・カラー 20%OFF

ごあいさつ

はじめまして。このたび新たに美容室オアシスをオープンすることになりました、オーナーの○○です。これまで美容師として「どのようにしたらお客様に喜んでいただけるのか」を考え続け、一生懸命、サロンワークに取り組んでまいりました。その結果、私たちは「お客様の『オン』も『オフ』も大切にする美容室」でありたいと考えるようになりました。お仕事という「オン」を輝かせるヘアースタイルを追求する。そして、当店に来店いただく「オフ」の時間には心からくつろいでいただく。そんなお店となれるよう、努力していきます。
どうぞよろしくお願いいたします。

◎メニュー一例（ショート基準）◎
カット·················¥3,800
ナチュラルメイクパーマ
·········¥8,500 → ¥6,800
ナチュラルストレート
·········¥10,000 → ¥8,000

スタッフ紹介

◎オアシスのコンセプト◎
① 毎日をイキイキと過ごす女性のためのサロン
② オン／オフともに、「今よりもっと」を追求するサロンです
③ 働く女性が輝くスタイル、お手入れしやすいスタイルなど、TPOに応じてご提案します

オアシスの「お客様への3つのお約束」
①お客様にいちばん似合うスタイルをデザインします
施術に入る前にお客様の要望をお聞きするカウンセリングを行ない、お客様の個性や髪質に合うスタイルを一緒にデザインしていきます。
②真心のこもったサービス
お客様の笑顔が我々の最高の喜びです。そのために飲物サービス、マッサージはもとより、すべてにおいて真心のこもったサービスを心掛けています。
③ひとときのくつろぎのスペース
お客様がサロン内でのひとときをゆっくりとくつろいでいただけるように、リゾートな空間を演出していきます。

美容室 オアシス
〒111-1111 東京都世田谷区○-○
TEL03-○○○○-○○○○
営業時間 AM10：00〜PM8：00
受付 カット7：30、パーマ6：30
土・日・祝 AM9：30〜PM7：30
受付 カット7：00、パーマ6：00
定休日：火曜 ※ご予約優先制

毎日をいきいきと活動的に過ごすあなたに似合うスタイルを提案します

毎日忙しい女性に「キレイなのに、お手入れナシ」ショートレイヤーなら広がらず、まとまりやすいスタイルに。

▼メニュー例
カット ¥3,800　ナチュラルメイクパーマ ¥5,800

仕事のデキる女性に「さわやか＋女らしい雰囲気」フェースラインにレイヤーを入れるだけで、やさしく明るい印象に。

▼メニュー例
カット ¥4,000　ナチュラルメイクパーマ ¥7,200

◎メニュー一例（ショート基準）◎
◎カット·····························¥3,800
◎パーマ
　ナチュラルメイクパーマ···¥8,500→¥6,800
　O₂クリニックパーマ·········¥10,000→¥8,000
◎ストレートパーマ
　ナチュラルストレート·······¥10,000→¥8,000
　O₂クリニックストレート···¥12,000→¥9,600
　リペア（縮毛矯正）··········¥23,000→¥18,400
◎カラー
　ヘアカラー·····················¥5,000→¥4,000
　ヘナ······························¥4,800
　酸性カラー·····················¥5,500→¥4,480
◎その他
　マユカット·····················¥700
　ヘッドスパ·····················¥2,500
　ヘアエステ·····················¥3,500

オアシスのカウンセリングステップ
問診 → 提案 → 確認 → スタイルの決定 → 施術 → ホームケアアドバイス → アフターフォロー

お客様の希望どおりのヘアースタイル、似合うスタイルを提案するために、カウンセリングを大切にします。オアシスオリジナルの「スタイルブック」「カウンセリングシート」を使って、お客様の新しいスタイルを見つけます。

技術は2週間保証！

満足 → 1週間後 → なんかちがう…

ご自宅に戻られて、万一、不都合なことがございましたら、保証カードを持ってお越しください

☎ 朝早くのご予約もOK
結婚式、パーティーなど、早朝のご予約もお気軽にお申しつけください。

お飲物サービス
パーマやカラーの待ち時間にお飲み物をご提供しています。

傘の貸出しサービス
突然雨が降ってきた場合には傘をお貸ししますので、ご安心ください。

オープニングチラシ作成のポイント

チラシを作成する上でのポイントについて説明しておきます。まず、チラシの「幹」と「枝」を検討するということです。

①のメインターゲットに対して「何を伝えたいのか」ということが、チラシの「枝」です。コンセプトやセールスポイントなどがそれに該当します。

その上で、広告の雛型を数パターン作成して落し込むコンテンツを検討する方法が、経験の浅い方には、ベターであると思います。

チラシ原稿ができ上がったら、消費者目線で「5W1H」（いつ・どこで・誰が・なぜ・どんな方法で）がわかりやすく表現できているかどうか、再確認することが重要です。

中の上」レベルだと、消費者は「普通」と捉えるということです。その上で、まず、チラシの「幹」と「枝」を検討します。この順番を間違えると、何が言いたいのかよくわからないチラシとなりがちです。

♣ ①チラシの「幹」＝誰に伝えるのか

チラシの「幹」とは、「一番誰に伝えたいのか？」という、ターゲットを明確にすることです。ターゲットと訴求力の関係は、「ターゲットを絞れば絞るほど、訴求力は高まる」「ターゲットを広げれば広げるほど、訴求力は弱まる」ということを頭に入れておいてください。

たとえば、ターゲットを「お子様からシニア世代まで」として、オープニングチラシの原稿を考えてみてください。「当店は、こんな美容室です」という明確な特徴を打ち出しにくいはずです。

もうひとつ注意が必要なのは、「平均より少し上の、

♣ ②チラシの「枝」＝何を伝えるか

♣ ③チラシの「葉」＝どうやって伝えるか

チラシの「葉」とは、②の内容を具体的に裏づける「どんな方法で行なうのか？」といった情報となります。

104

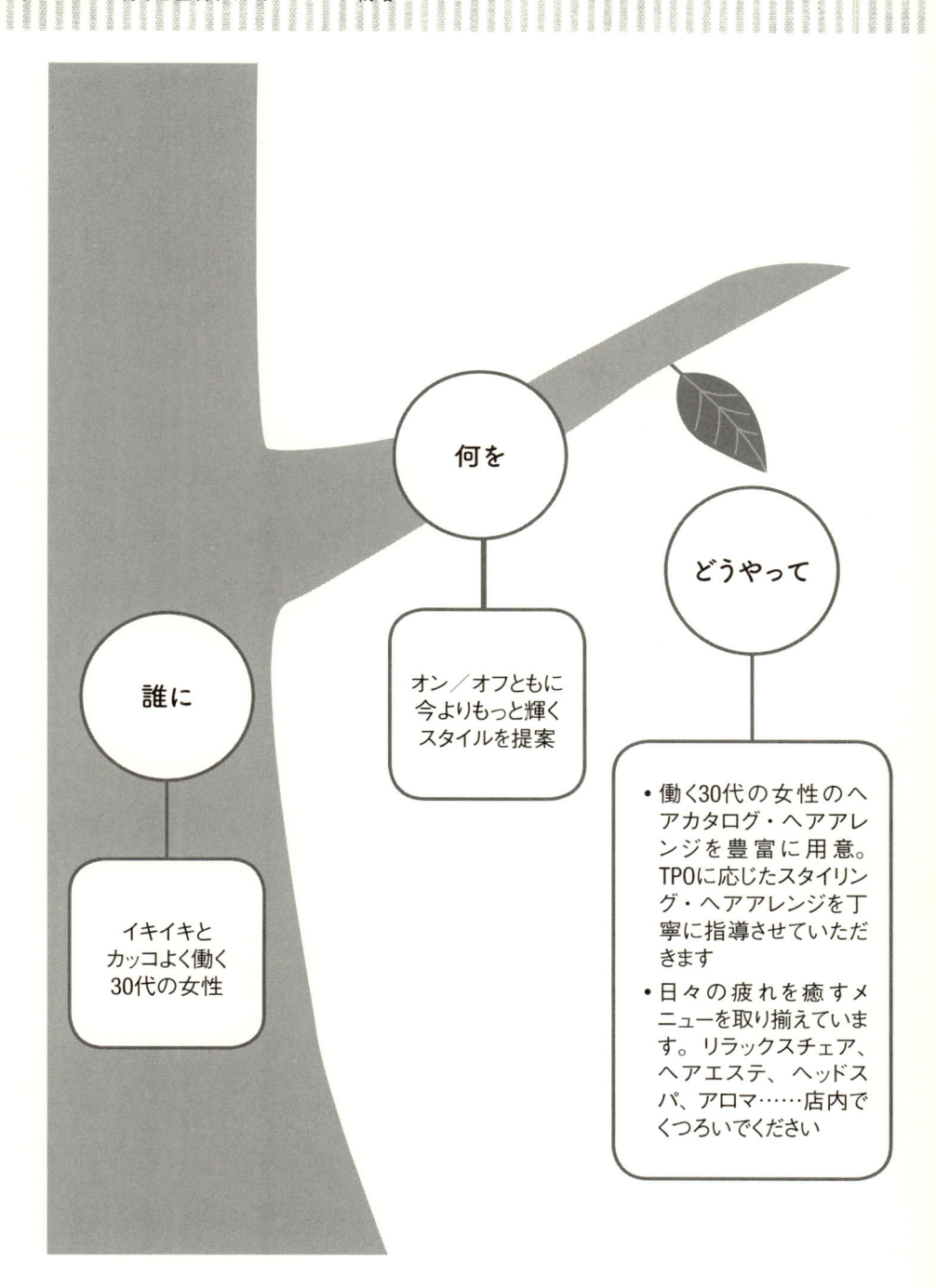

4章 サロンの将来を左右する！オープニング戦略

誰に

イキイキと
カッコよく働く
30代の女性

何を

オン／オフともに
今よりもっと輝く
スタイルを提案

どうやって

- 働く30代の女性のヘアカタログ・ヘアアレンジを豊富に用意。TPOに応じたスタイリング・ヘアアレンジを丁寧に指導させていただきます
- 日々の疲れを癒すメニューを取り揃えています。リラックスチェア、ヘアエステ、ヘッドスパ、アロマ……店内でくつろいでください

オープニングセレモニーは3回行なう

❦ 3ヶ月間、お客様でにぎわう状況をつくり出す

新規オープンとは、お店にとって一度しかない、最初で最後の一大セレモニーです。商圏の消費者の新店への関心度は、オープン当日をピークに、時間の経過とともに低下していきます。そこで、関心が高い期間を少しでも長く持続させ、約3ヶ月にわたってお客様でにぎわっている状況をつくり出す必要があります。

そのための作戦が「オープニングセレモニーを3回行なう」という方法です。

具体的には、通常のオープンに先駆けて「プレオープン」で1ヶ月間、ご近所の皆さま優待価格として○％オフとします。2ヶ月目は「オープン記念○％オフ」という形で3カ月間、毎月企画を打ち出します。3ヶ月目は「グランドオープンとして○％オフ」といった形で3カ月間、毎月企画を打ち出します。

3ヶ月間に3回に分けて実施することで、一度きりのオープニングセレモニーと比較すると、確実に多くのお客様を集客することができます。

さらに、オープニング効果が薄れてくる3ヶ月目あたりで、「おかげさまで、オープン3ヶ月を迎えることができました。オープニングセレモニーは多くのお客様にご利用、ご好評いただくことができました！」というような切り口の集客企画を準備しておきます。

❦ 効果的に割引しよう

オープン時のプライスオフをどの程度に設定するべきか？ これは店のコンセプト、ターゲット、地域特性に応じて検討する必要があります。

ただ、前述したように、オープン後1年間の新規客の約5割がオープン後4ヶ月間に来店していて、オープン1年間の総顧客数のうち約4割が新規客である以上、多少のプライスオフをしてでも集客をしておいたほうが得策だと考えられます。

オープニングという、最初で最後の「お祭り」がおのオープニングでにぎわっていないと、期待感が一気に低下する危険性があることを忘れてはいけません。

ご近所ご挨拶チラシ例

──特別ご優待状──

はじめまして！ 美容室オアシスです

おかげさまで、いよいよオープンさせていただく運びとなりました。

これからお世話になります地域の皆さまに、オープンにさきがけて「特別ご優待」のご案内をさせていただきます。

オアシスのテーマは「癒し」です

スタッフ全員の笑顔と心の込もった接客でお客様の心を癒します。
店内のBGMはすべて癒し系の音楽にして、くつろいでいただこうと思っています。
お待ちの時間には、ハーブティーをご用意させていただきます。
お疲れのお客様に少しでも楽になっていただきたい、そんな願いをこめて、
心を込めてマッサージさせていただきます。

特別ご優待期間 4月1日〜4月30日
すべてのメニュー 30%OFF

誠に勝手ながら、特別ご優待期間中は完全予約制とさせていただきます。

メニュー

カット	4,200円
パーマ	11,550円
カラー	5,775円
ヘナ	6,300円
ストレート	12,000円
縮毛矯正	18,785円

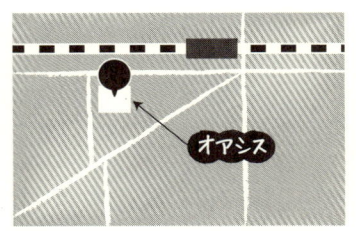

オアシス

営業時間 10:00〜20:00／定休日 毎週火曜日
ご予約　0120-11-○○○○

9 オープニングの注意点

❖ 新規客の施術時間を考える

オープニングに際して注意したいのは、スタッフの能力を十分に考慮した予約受付をすることです。

常連客であれば、ある程度、具体的に施術時間を予測することが可能です。ところが、オープニングで来店されるお客様は、ほぼ100％が新規のお客様です。そうした新規のお客様を、確実にリピートさせなければなりません。

しかし、新規のお客様はカウンセリングや施術、アフターカウンセリングも含めた施術時間が読みにくいという問題が生じます。

たとえば、オープニング期間に大幅なプライスダウンを実施した結果、スタッフの処理能力以上のお客様が来店されたとしたら、どうなるのでしょうか？ 多くのお客様にご来店いただいても、お客様満足度が低ければ、リピートにつながらないばかりか、逆に悪い評判が口コミで広がる可能性もあります。

オープニング価格を決める上では、スタッフの能力という面からも検討することが重要です。

❖ お断りせざるを得ない場合の対策を立てておく

そうした事態を避けるための方法のひとつは、予約制を導入することです。それには、カットなら1時間、カラーなら1時間半など、施術時間もある程度、全体で統一しておく必要があります。

また、1時、3時というように、キリのよい時間で予約を取ると、全体的にお客様の流れがスムーズにいかなくなりがちです。そこで、15分、30分というように、予約受付時間を細かく設定すると、全体の流れをスムーズにすることができます。

場合によっては、予約なくご来店になるお客様をお断りせざるを得ないケースも考えられます。せっかく来店いただいたお客様です。そのような場合に備え、あらかじめお詫びの手紙と粗品引換券などを準備しておいて、再来店につなげることが大切です。

お断り用挨拶文例

本日は、お忙しいところをわざわざ美容室オアシスにご来店いただき、本当にありがとうございます。
せっかくご来店いただいたにもかかわらず、お断りせざるをえなかった本日の非礼をどうかお許しくださいませ。

私どもは、わざわざお越しいただいたすべてのお客様に少しでもご満足いただきたい！ そんな願いで、流れ作業ではなく、しっかりとお時間をかけて、お客様に喜んでいただこうと考えております。

そこで、忙しいお客様のお時間を大切にさせていただくためにも、どうかご予約のお電話をくださいませんでしょうか。そして、もう一度私たちにチャンスをいただけないでしょうか。

本日のお詫びといたしまして、ささやかではございますが、当店で使用中の癒し系のハーブシャンプーを次回お越しの際にプレゼントさせていただきたいと考えております。
また、シャンプーを無料にて施術させていただきます。

本日の非礼のお詫びに誠心誠意施術させていただくつもりです。
どうぞよろしくお願い申し上げます。

美容室オアシス
代表 岡野マミ

営業時間	AM10：00～PM8：00
定休日	毎週火曜日
予約番号	0120-11-○○○○

CHAPTER 5

はじめてのスタッフ採用と注意点

オープニングスタッフ募集のポイント

♣ 融資申請前に「求人募集原稿」を用意

オープンまでの準備で頭を悩ませる問題のひとつが、オープニングスタッフをいかに集めるか？ そして、オープンまでの限られた時間の中で、いかに効率よく教育を行なうかということです。

スタッフは、募集したからといってすぐに集まるとは限りません。そしてもちろん、少しでもレベルの高いスタッフを採用したいはずです。そのためにも、スタッフ募集の準備は、計画的に早めに行なう必要があります。

そこで、広告媒体の選定を行なうと同時に、スタッフ求人募集の原稿を用意しておきましょう。原稿は遅くとも融資申請を行なうまでに準備しておいて、オープン予定日から逆算して広告の掲載スケジュールを立てておきます。

効果的な求人募集原稿のポイントは、①新規オープンであることをアピールする、②具体的なサロンコンセプトを入れる、③開業に向けたオーナーの決意やこだわり、考え、想いを入れる、④自分ならどんな美容室に面接に行きたいかを考える、⑤他の美容室の求人広告に目を通して学習しておく、この5点です。

♣ 反応が鈍ければアピールポイントを変える

反応が悪い場合に備えて、内容を変えた原稿を準備しておきましょう。たとえば、新規オープンをアピールした広告で効果がない場合には、オーナーの考えや店のめざす姿、給料や待遇のよさなど、アピールポイントを変えた原稿で広告を打ちます。

また、媒体によって読者層も変わりますから、広告媒体もあらかじめ数件ピックアップしておきます。募集して、面接をしたからといって、必ずしも採用入店に至るとは限りません。最悪、採用に至らない場合も想定しておく必要があります。そのため、正社員だけでなく、パート、派遣などの活用も選択肢に入れて情報を収集しておきましょう。

スタッフ募集広告のよい例と悪い例

✗ 悪い例

正社員給与/万円	○○円
パート/時給	○○○円
勤務時間	○時～○○時

勤務地：○○
資　格：20歳以上
待　遇：昇給随時
　　　　交通費支給
休　日：毎週火曜日

NEW　OPEN!
セット面　15席
OPENING STAFF募集

ビューティ美容室
TEL：00-0000-0000
担当：○○

商　万円　従　人

2014.10
BEAUTY美容室 NEW

OPENING STAFF
スタイリスト・アシスタント大募集

> イメージ広告では、あまり効果が期待できない

> 何も書かれていないのは不親切

> コンセプト、どんなお店なのか不明確

○ よい例

正社員給与/万円	○○円
パート/時給	○○○円
勤務時間	○時～○○時

勤務地：○○
資　格：20歳以上
待　遇：昇給随時
　　　　交通費支給
休　日：毎週火曜日

明るくやる気のある方！
スタッフ全員でお待ちしています！
OPENING STAFF募集

ビューティフル美容室
TEL：00-0000-0000
担当：○○

単　7,500円　従　8人

「もっとお客様を担当したい」
そんな、あなたの願いをかなえます！

駅前や店頭でチラシを配っているスタッフさんを見かけるたびに、もっとやるべきことがあるのではないかと思ってしまいます。スタッフの皆さんは、チラシを配るために美容師を職業として選んだのではないはずです。

当店では、チラシによる集客で売上をあげるのではなく「スタッフさんのスキルを上げ、お客様により一層の満足を提供することで、売上をあげる」という考え方をしています。そのために、スタッフさんのスキルアップに、可能な限りの時間と費用を費やしることが当店の自慢です。

> ひと言で、どんなお店なのかがわかりやすい！

> お店の姿勢をアピール

> 写真もポイント！

2 効果的な新卒募集法

美容学校では、毎年6月頃から新卒の求人受付を開始します。現在は、新卒の採用が難しくなっているので、所定の求人票とは別に、「オリジナルのサロン案内」を作成し、添付資料とすることで、学生に関心を持ってもらいましょう。

❀「オリジナルサロン案内」作成のポイント

「オリジナルサロン案内」作成のポイントは、基本的に求人広告やチラシの考え方と同じです。

経営者の美容室経営やお客様、スタッフに対する考え方や、教育方針、教育方法、教育カリキュラムなどを書き込みます。また、店内写真や、オーナー・スタッフの写真、レクリエーション、社内旅行の写真なども入れると、どんなお店で自分が働くことになるのかイメージしやすくなって、応募を後押しします。

「オリジナルサロン案内」を作成するメリットは、どれだけスペースを割いても料金がかからないという点です。

そして、伝えれば伝えるほど、オーナーの考え方やあり方に共感した方が面接に訪れるため、求める人材を集めやすいというメリットがあります。

❀新卒学生へのメッセージ例

「皆さんは美容師として将来の目標がありますか？ そのためには、どんな店で働きたいと考えていらっしゃいますか？ 駅前を歩くと、アシスタントさんがチラシを配っている姿を目にします。美容室によっては、それも大切な仕事のひとつであるかもしれません。しかし、当店では、少しでも早く一流の人気スタイリストに成長してほしいという願いのもとに教育を行ないます。だから当店では、営業時間中であっても練習をしてもらいます。なぜなら、皆さんの成長こそが店全体の幸せであると考えているからです」

こんな感じで綴っていきます。

また、美容学校にはこまめに足を運び、就職担当の先生と信頼関係を築いておくことも大切です。

114

オリジナルサロン案内に入れるオーナーからのメッセージ例

美容学校の生徒さんへ

皆さんは、美容師として将来の目標がありますか?
そのためには、どんな店で働きたいと考えていらっしゃいますか?

駅前を歩くと、アシスタントさんがチラシを配っている姿を目にします。
美容室によっては、それも大切な仕事のひとつであるかもしれません。

しかし当店では、少しでも早く一流の人気スタイリストに成長してほしいという
願いのもとに教育を行ないます。

だから当店では、営業時間中であっても、練習をしてもらいます。
なぜなら、皆さんの成長こそが店全体の幸せであると考えているからです。

こんな考え方に共感してくださる方をお待ちしています。

美容室アクア・代表

面接・採用のポイント

スタッフが働く美容室を決めるには、さまざまな要素が複雑に絡み合っています。採用しても、いつもすぐに退社してしまうという場合には、スタッフを迎え入れる美容室側に問題がある場合が少なくありません。スタッフ採用を行なう場合には、受け入れ体制や教育システムなどを見直すことが大切です。

また、面接時には、オーナーの美容に対する信念、お客様、接客サービスに関する思いを伝えることを忘れてはいけません。

♣ 第一印象は重要

一般的な美容室ではそれほど多くのスタッフを採用するわけにはいきません。そこで採否を決定するポイントは、第一印象と直感を信じて、「どうしようかな？」と迷うようであれば、やめておくことです。

「第一印象」というと、漠然としていてわかりにくいと思われるかもしれません。しかし、接客・サービスを行なう美容師にとって、第一印象の善し悪しとはとても重要な要素であるはずです。なぜなら、そのスタッフに担当してほしい／してほしくないと判断するのはお客様で、お客様は大抵、第一印象で判断をしているからです。

♣ 試用期間でお互いに相性をチェック

最終的な採否を検討する上で、試用期間を設けるのも一案です。試用期間とは、正式に採用するかどうかを判断する前に、実際の業務に就いてもらう期間のことです。通常、1～3ヶ月ほどがとられます。試用期間があることで、面接でチェックできなかった総合的な力量を把握した上で採用するかどうかを判断することができます。

スタッフにおいても、面接ではわからない、実際にサロンワークを行なうことで、店やお客様の雰囲気などを肌で感じた上で、入社するかどうかを判断することができます。試用期間を設けることは、店にとってもスタッフにとってもメリットがあるのです。

面接で確認しておきたいポイント

❶志望動機の確認

質問方法
なぜ、私どものお店を志望されましたか?
私どものお店のどこを気に入って面接に来られましたか?

POINT
志望動機に共感できるか?

❷熱意の確認

質問方法
どうして美容師になろうと思われましたか?
美容という仕事のどこがあなたに向いていると思われますか?
どんな美容師になりたいですか?

POINT
熱意が強ければ強いほど、積極的な関わりが期待できる

❸将来の夢、目標の確認

質問方法
将来の夢はありますか?
将来の目標はありますか?
それを達成するために、これからどうしていこうとお考えですか?

POINT
明確な夢や目標を持っている方は、やはり違う

求職スタッフの動向

- ✓ ゴールデンウィークあたりで、新卒スタッフの一部に退社組が出てきがち
- ✓ 夏季休暇後、正月休み後から求職活動をはじめる傾向がある
- ✓ 優秀なスタイリストになればなるほど、離職率が低い傾向にある

4 サロンルールでオープニングスタッフをまとめる

新店をオープンするということは、外部から寄せ集めた中途採用スタッフで営業を開始するということです。これまで異なる職場環境で育ったわけですから、仕事の進め方や、お客様に対する考え方などはさまざまです。そうした状況では、スタッフ同士のちょっとした違いが何らかの問題に発展しかねません。起こり得るトラブルを軽減するには、オープン前にスタッフをひとつにまとめる対策を講じておく必要があります。

✤「ルール」「規則」は行動の指針となる

学校には校則があり、守らない場合には罰則があります。なぜなら、生徒はその学校の規則を順守するという約束で、在籍しているからです。これを美容室に置き換えてみましょう。面接や入社時に、店のルールや各種規定、その他の細則を説明し、同意の元に雇用契約を結びます。そして入社後は、店のルールや規定を順守させることで、全体のレベルを一定に保ちます。そのために不可欠なのが「サロンルール」です。

✤「サロンルール」でレベルを一定に保つ

「ルールが作成されていない」「ルールは作成されているものの、形骸化してしまっている」、こうした状態を放置すると、ささいな不備の積み重ねによって、「失客リスク」が高まることにつながります。お客様が、店やスタッフに対する苦情や不満をあえて口にされることは、ほとんどありません。「失客」とは、お客様に「これ以上求めてもムダ」と見限られたということなのです。

伸び悩んでいる場合には、早急に「提供している技術・接客・サービス」を検証する必要があります。サロンルールは、放っておくと次第に"スタッフ都合"に流されてしまいます。その結果、お客様満足に対する認識が希薄になりがちです。

お客様に対して、スタッフが高いレベルでの満足を提供できる美容室には、黙っていてもお客様が集まって来るものです。

118

当店のサロンルール

❶常にお客様を最優先

　私たちの仕事は、美容という仕事を通して、お客様にご満足いただく仕事です。
　そして、私たちがお客様に対して行なった、すべてのサービスにおけるお客様満足の結果が売上となり、皆さんは、その売上から、お客様満足の貢献度に応じて報酬を得ています。
　だからこそ、私たちは、どんな仕事をしている時でも、常にお客様の行動や態度に細心の注意を払い、お客様への対応を最優先とします。

❷明るく・元気に・さわやかに

　明るい笑顔と挨拶、キビキビした行動や言葉づかい、さわやかな身だしなみや態度は、お客様はもちろん、一緒に働く仲間にとっても、とても気持ちがよいものです。
　当店では、お互いが気持ちよく働ける職場環境をめざしています。
　そのためにも、皆さん一人ひとりに「明るく」「元気に」「さわやかに」というルールを順守していただきます。

❸返事ははっきり「ハイ」。そしてすぐに実行

　サロンワークにおけるすべての返事は、どんな時でもはっきり「ハイ」と明るい対応を行なってください。
　指示を受けたあなたの対応は、お客様もご覧になっています。指示されたこと、注意されたことは、すぐに実行に移してください。
　一度教わったことは、何度も同じことを言われないように学習してください。知っていても行動に移さなければ、知っていることにはなりません。

❹常に、プロ美容師としての自覚と謙虚さを忘れない

　私たちは、「お客様を常に満足させられる美容師」をめざしています。
　そして、技術だけではなく、プロとしての最高の接客サービスをお客様に提供し、1人でも多くのお客様に、少しでも多くのご満足を提供することを、常に心掛けてください。
　本当のプロ美容師にとって、「もうこれで十分」ということはありません。
　絶え間ない努力と勉強、そしていばらない、おごらない謙虚な人間として成長する努力も忘れないでください。
　お客様に対するサービスは、新人もベテランも関係ありません。

朝礼・終礼は必ず行なう

❖ 朝礼で全員のやる気を高める

朝礼や終礼は行なっていますか？　なんとなく朝礼や終礼を行なっていませんか？　朝礼は、すがすがしい1日のはじまりです。「さあこれから仕事に取り掛かるぞ」と、スタッフ全員のスイッチを切り替えるために行なうのが朝礼です。

朝礼ではまず、左ページにある「接客基本挨拶」を全員で大きく復唱します。そして進行役が、その日のニュースや感じたこと、全般的な注意事項などを話します。その後で、スタッフそれぞれに今日の努力目標や報告・連絡事項を話してもらいます。最後に勤務心得を全員で復唱し、「今日も1日笑顔でよろしくお願いします」ということで1日がはじまります。

終礼では、売上報告の他、朝礼と同様に1日の反省や感じたことを各自が報告します。そして最後に「お疲れさまでした」で終わります。

朝礼・終礼の進行役は、全員のモチベーションを上げる役割を担っています。スタッフ全員がローテーションで進行役を務めると、その重要性を全員が理解し、責任感を持ってくれるようになるのがメリットです。また、朝礼・終礼のマンネリ化を防ぐことにもつながりますし、人前で話す、意見を言う訓練も兼ねているのです。

❖ スタッフの声から体調チェック

朝礼について、店舗責任者に注意していただきたい点は、声のトーンからスタッフの毎日の健康状態や心の状態をチェックするということです。そして、元気がないスタッフには、早めにフォローすることが大切です。

また、必要に応じて朝礼・終礼を5分ほど延長し、「小ミーティング」として活用するのもお勧めです。ちょっとした問題点などは、ミーティングを待つでもなく、朝礼・終礼の場で、できるだけ早く解決しておきましょう。

朝礼の声出し例

接客基本挨拶
（全員で復唱）

「おはようございます」
「いらっしゃいませ」
「しばらくお待ちください」
「お待たせいたしました」
「ありがとうございました」

勤務の心得
（全員で復唱）

「私たちは、
・ハイという素直な心
・すみませんという反省の心
・ありがとうという感謝の心
・おかげさまでという謙虚な心
・私がやりますという奉仕の心
　をもって今日もがんばります。
　今日も1日笑顔でよろしくお願いします」

> ❗ 声のトーンから、健康状態をチェック
> 元気のないスタッフには早めにフォローする

6 ミーティングでモチベーションを高める

♣ 年間の企画について話し合おう

ミーティングとは、店全体をよりよい方向へと導くために行なうものです。しかし、この目的からずれているミーティングを見かけます。

特定のスタッフに対する個人攻撃や、問題点を指摘するだけで終わってしまうミーティングなどがそれにあたります。これでは、ミーティングを行なう意味がありませんし、前向きでもありません。

ミーティングのテーマとしておもに取り上げていただきたいのは、年間販促計画と、それを実施するための具体的な方法です。

たとえば「母の日企画」をミーティングの議題として取り上げると、「後ろ向きのミーティング」から「前向きで楽しさを感じるミーティング」へと変わり、サロン風土改善の足がかりとなるはずです。

また、企画はやりっぱなしではなく、今後の企画に役立てていくことが大切です。

次年度の年間スケジュールに、今回の企画の反省、改善点、次回の対策を書き込んでおくと、来年の同月の企画のベースを1年前に作成しておくことができます。これにより、早い時期から計画的に企画の準備をしておくことができるようになります。

♣ スタッフの「やりがい」へとつなげる

ミーティングのあり方をこのように変えることによって、「オーナーによる一方通行の企画」から「スタッフ全体の意見を反映させた企画」へと変わります。

スタッフにとって、事前準備や心構えが明確になり、来期の姿を具体的にイメージすることができることが、やりがいへとつながります。

また、ミーティングのテーマを事前にスタッフに伝えておいて、当日までに各自の意見をまとめておいてもらえば、ミーティングを効率的に進めることができ、改善点、次回の対策を話し合い、今後の企画に役点、改善点、次回の対策を話し合い、今後の企画に役

効果的なミーティングのポイント

おもなポイント

①ミーティングの目的を再確認する
　お店全体の現状のさらなる改善と生産性を上げるには？というテーマが大前提

②議題を事前にスタッフに報告し、スタッフ各自の意見をまとめておいてもらう

③その上で、スタッフの個々の意見を発表し、結果を全員で総合的に検討

④各種反省を今後にフィードバック

サブポイント

①スタッフ全員にミーティング用ノートを用意してもらう

②ミーティングの内容はメモを取らせる

③硬い話ばかりがミーティングではない

④しかめっ面のミーティングでは面白くない

⑤わくわくするミーティングを心がける

⑥スタッフに自由に発言させる雰囲気づくり

⑦オーナーの一方的な話とならないように注意する

⑧ときには「食事会兼ミーティング」を開催するのもよし

⑨ミーティングの輪はできるだけ小さく

⑩終了時間を決めて守る

⑪簡単な報告などは、朝礼・終礼を利用する

スタッフの売上目標を設定する

❖ スタッフ自身に目標を決めさせる

店舗の売上は、オーナーがどんなにがんばっても、そう簡単に上がるものではありません。店舗全体の売上を上げるのに最も有効なのは、個々のスタッフの力を最大限に伸ばすことです。そこで、「個人売上目標シート」を活用してみましょう。

個人売上目標を決めるにあたっては、スタッフ各自に目標金額を出してもらい、その後、経営サイドが求める数値との調整を行ないます。

人間とは面白いもので、押し付けられた売上目標と、自分で立てた売上目標では、仮にその目標金額が同じであったとしても、取り組む姿勢には大きな差が生じます。また不思議なことに、自分で個人目標を立てる場合は、ほとんど前年より低い金額を目標としないものです。

そこで、1年間の個人売上目標を3ヶ月ごとに各スタッフに出してもらいます。そして、1年間の個人売上目標を3ヶ月ごとに1枚のシートにします。年間の個人売上目標を3ヶ月ごとに区切る理由は、1年という長い期間ではどうしてもモチベーションが下がり、目標が絵に描いた餅となりやすいからです。

❖ 目標は数字で具体的に

個人売上目標を達成することができない理由のひとつに、目標を達成するための「具体的な取り組み」へと踏み込んでいないという点が挙げられます。したがって、目標金額だけではなく「その目標を達成するための取り組みを具体的にする」ことが重要なポイントです。たとえば、「単価を上げるようにがんばります」ではなく、「平均単価を○○円上げるために、接客したすべてのお客様それぞれに適したプラスメニュー提案のお試しチケットを渡します」といった具体的な取り組みを記入してもらいます。

そして、結果についての反省も言葉ではなく、あえて「文書」という記録に残すことも効果的です。

3ヶ月目標シート

名前 _____

	4月	5月	6月	合計
前期個人売上				
今期個人売上目標				
対前期比率				
結果は?				
前期指名人数				
今期指名人数目標				
結果は?				

目標に向けて、具体的にどんな取り組みをする?

	具体的行動は?
4月	
5月	
6月	

	反省・改善・来期に活かすこと
4月	
5月	
6月	

3ヶ月後の企画と目標を考えましょう

	企画内容	企画個人売上目標	具体的行動
7月			
8月			
9月			

8 知っておきたい給与形態のポイント

給与形態には、大きく分けて①固定給制、②完全歩合制、③固定給プラス歩合制、の3つのタイプがあります。それぞれの特徴を理解した上で、経営サイドとスタッフそれぞれの利益をマッチさせるよう検討することが大切です。

①固定給制　固定給制は基本的に「同ランク、同一賃金」という考え方で、どちらかというと家族主義的で、個人の利益より全体の利益を重視する傾向があります。そのために、競争原理が働きにくく、がんばるスタッフにとって、評価に対する不満が生じやすい傾向があります。

②完全歩合制　スタッフ個人の売上を最優先する給料形態で、指名売上・指名人数に応じて報酬としての還元率が定められており、より高い報酬を求めるスタッフに人気が高い給料形態です。どちらかというと、スタッフを育てるというよりも、外部からスタイリストを集めて数字を上げるという、①の固定給制とは正反対の経営スタイルとなります。そのため、スタッフそ

れぞれが個人主義的で、サロン内はドライな雰囲気、チームワークや協調性に欠ける傾向があります。

③固定給プラス歩合制　①、②のよい所を取り入れた給料形態が、固定給プラス歩合制です。スタッフのランクやキャリアに応じて、固定給・歩合の割合を変動させることで、競争原理とモチベーションを維持しながら、チームワークも大切にしたいという経営方針の美容室に適した給料形態と言えます。

♣ 無意味な各種手当を見直す

住宅手当、皆勤手当など、各種手当で給料を補完しているケースも多く見られます。しかし、手当として給料を補完したとしても、スタッフの働きぶりは変わらないはずです。

そこで、「後輩への指導」「協調性」など、スタッフに「こうあって欲しい」項目を設け、それに対するオーナーの評価報酬手当として支給することで、求めるスタッフへと導くのも一案です。

給与形態の種類

	特徴	デメリット
(1)「固定給制」	家族主義的 個人の利益より全体の利益を重視	競争原理が働きにくい 横並び体質になりやすい
(2)「完全歩合制」	より高い報酬を求めるスタッフに人気	個人主義的 ドライな人間関係
(3)「固定給プラス歩合制」	競争原理とモチベーションを維持 チームワークにも配慮	より高い報酬を求めるスタッフには物足りない

各種手当をサロンメリットへとつなげよう

一般的な手当て ＝サロンメリットにつながっていない		スタッフに「こうあってほしいこと」を 手当ての対象とする
家族手当2,000円	▶	「あいさつ」 評価 A 評価給　2,000円
住宅手当2,000円	▶	「後輩への指導」 評価 B 評価給　1,000円
勤続手当2,000円	▶	「協調性」 評価 C 評価給　500円

9 突然のスタッフ退社のリスクにこう備える

経営年数の長いサロンオーナーの多くは、これまでに何度も、スタッフの突然の退社に苦労された経験があるはずです。突然の退社は、オーナーに苦労された経験があるはずです。突然の退社は、オーナーとなったら遭遇する確率の高い問題なのですが、退社のルールをきちんと定めていないオーナーにも責任の一端があると思います。採用前にルールをきちんと定めておくことで、スタッフの突然の退社というリスクを軽減しましょう。

そのポイントは、スタッフの退社を早い時期に把握し、早めの対策を行なうということです。

♣ 退社に関するルールを決める

ひとつの方法は、「退社の予定がある場合、スタイリストは退社予定日の最低○ヶ月以上事前に、アシスタントは退社予定日の最低○ヶ月以上事前に申し出る」というルールを作っておきます。必要に応じて、退社ルールが守られない場合にはペナルティーを課すという取り決めをしておきます。

♣ 雇用契約を定期更新する

もうひとつの方法は、スタッフと雇用契約を定期的に結ぶ、つまり定期的に雇用契約を更新するという方法です。たとえば、6ヶ月ごとに雇用契約を更新する場合には、1月から6月までの雇用契約は、前年6月に契約の更新を行ないます。こうすると、退社予定者を事前に把握でき、従来より早い時期から求人募集を行なうことができるようになります。

また、スタッフの退社によるその他のリスクを軽減するために基本的なことは、1人のスタッフに権限や業務を集中させすぎないということです。サロン内の業務はできるだけスタッフ全員でローテーションを組んで、どのスタッフにも任せることができる体制を早めに整えておく必要があります。

なお、スタイリストが退社する際には、お客様の引継ぎをきちんと行なうということも、ルール化しておくべきです。

128

雇用契約書

（一部抜粋）

有限会社〇〇〇〇（以下甲という）と△△△△（以下乙という）は以下の通り雇用契約を締結した。

第1条　雇用の開始更新および契約の期間
　（1）雇用契約更新手続き　毎年3月1日～3月15日まで
　（2）雇用契約更新手続き　毎年9月1日～9月15日まで
　　　年2回雇用契約更新手続きを行なう。

　　（1）の雇用契約更新手続きによる雇用契約期間は、
　　　7月1日～12月31日までとする。
　　（2）の雇用契約更新手続きによる雇用契約期間は、
　　　1月1日～6月30日までとする。

（半年後の雇用契約をすることで、退社の有無を事前に確認できる）

第2条　退社の予定がある場合には、乙は雇用契約の更新を行なわないことで甲は乙との雇用契約を6ヶ月後に解除する。

第3条　また、甲においても乙を6ヶ月後以降、引き続き雇用する意思のない場合には雇用契約の更新を行なわないこともある。

第4条　本契約に定めのない事項および疑義が生じた事項については甲乙協議の上決定する。

以上本契約の成立を証すため、本書二通を作成し、署名捺印の上、甲、乙それぞれが保有する。

平成　　年　　月　　日

補足　退社の際には、各種仕事の引き継ぎを責任をもって行なうこと。また、担当のお客様に対しても、新担当に引き継ぎを行なうと同時に、お客様に手紙で退社のご挨拶をすること。

（補足として、お店のさまざまな取り決めを入れておくことで、きちんとした退社のありかたをスタッフに伝える）

　　　　　　　　　　　　　　　　　　甲　有限会社〇〇〇〇　　印
　　　　　　　　　　　　　　　　　　乙　スタッフ△△△△　　印

10 業務委託という新しい関係

美容業界では、これまで新卒スタッフを採用し、独自の教育により、求めるスタッフへと教育し、やがてスタイリストとして活躍してもらうことで、これまでの投資分を回収するという経営手法が一般的でした。

♣ スタッフを育てるのが難しい時代となった

オーバーストア状態となった現在では、時間的にも金銭的にも、かつてのように十分に時間を割いてスタッフを教育することができない美容室が増えています。「スタイリストデビューしたばかりのスタッフに、新規客を担当させるわけにはいかない」という美容室も増加しています。その影響で、トップレベルのスタイリストが多く存在します。では、将来に不安を抱くスタイリストが多く存在します。では、トップレベルのスタイリストが多く存在します。売上を上げているスタッフが、将来に対して不安を抱いていないかと言えば、決してそうではないようです。勤務先の美容室に定年まで勤務することができる道筋が具体的に示されていなければ、リスクを背負って独立開業せざるを得ないことになるのです。

♣ 後継者を育てられなければ廃業？

一方で、オーナーは、サロン経営を後継者へとスムーズにバトンタッチできなければ、いずれ閉店という選択を迫られることになります。

こうした双方のニーズにより、美容業界においてもM&A（事業の売買）を専門とする業者を見かけるようになりました。美容業を「ビジネス」と割り切り、多くのスタイリストを採用し、激安価格でお客様を集める経営スタイルの美容室も増加しています。

そうした中で「業務委託」というあり方も、今ではめずらしくなくなりました。業務委託とは、従来型の「雇用主と従業員」という関係ではなく、「美容室オーナーと個人事業主としての1人の美容師」とが「業務委託契約」を結ぶというものです。

「労使」という関係だけでなく、「ビジネスパートナー」としての新しい関係も、頭の片隅に入れておくことが必要かもしれません。

130

「業務委託(個人事業主)」と「社員」の違い

	業務委託(個人事業主)	社　員
契約期間	契約書通り(有期)	契約書通り(有期)
時間管理	自己管理	会社の指示通り
指揮命令	自己責任	会社の指示命令に従う
報酬	成果に対する対価(業務委託料金)	会社の給料規程
保険	国民保険に自己加入	会社指定の社会保険
年金	国民年金に自己加入	会社指定の厚生年金
所得税	確定申告、自己納税	会社にて年末調整

業務委託：サロンオーナーのメリット……… 各種社員管理の必要がなくなる

業務委託：個人事業主のメリット………個人事業主として契約条件をサロンオーナーと対等に交渉し、決定することができる。自分流の仕事をすることができる。
ライフスタイルに合わせた働き方ができる。

オーナーとスタイリストが
ビジネスパートナーとなる「業務委託」も
念頭におこう

CHAPTER 6

売上アップの基本を押さえておこう

売上アップは「客単価×客数×回転率」

♣ 3つの要素を同時に高める

当たり前のことですが、売上を上げるためには「客単価」「客数」「回転率」——この3つの要素、それぞれ以外に方法はありません。この3つの要素を上げるための作業に頭を悩ませがちです。しかし、売上を上げるには、「客単価」「客数」「回転率」を同時進行で上げていく取り組みを行なうことが最大のポイントです。

♣ 3つの要素の「積の大きさ」

それでは、まず「3つの要素の積の大きさ」を具体的にしてみます。

仮に客数が月間500人、客単価5000円、平均回転率が3.5ヶ月、月間250万円の売上の美容室があるとします。3つの項目を2％ずつ上げると「510人×5100円×1.02＝約265万円」。わずか2％のアップで約15万円も売上が上がることになります。

一方、ひとつの要素だけで15万円分の売上を上げようとするとどうなるでしょうか。

チラシなど販促ツールを使って、新規客集客を行ない、15万円分の売上を上げようとすると、平均単価5000円と仮定した場合には、30名の新規客を集める必要があります。

さらにチラシのコストもかかります。仮に、新規客1人の集客費用を2500円とした場合、30名の新規客を集めるのに必要な費用は7・5万円となります。つまり、合計で45名のお客様を集客しなければならないことになります。

このように、ひとつの取り組みに全力を傾けるよりも3つの要素をそれぞれ同時に上げたほうが、より効率的であるといえます。

それでは、「客単価」「客数」「回転率」この3つの要素それぞれを同時に上げるための作戦、企画を考えていきましょう。

134

売上アップのための3つの取り組み

客数アップのための取り組み
- チラシによるご近所へのポスティング、ハンティング
- ホームページなどインターネットの活用
- ご紹介キャンペーンの実施
- タウン誌、フリーペーパーの活用
- ご無沙汰のお客様へのDMなどによるアプローチ

客単価アップのための取り組み
- 新メニュー、新商品導入
- 店内単価アップキャンペーン
- カウンセリング強化キャンペーン
- ホームケアキャンペーン

来店周期を縮めるための取り組み
- 有効期限付き割引チケット発行
- 予約の早期割引導入
- 定期的なご来店のお誘いDM

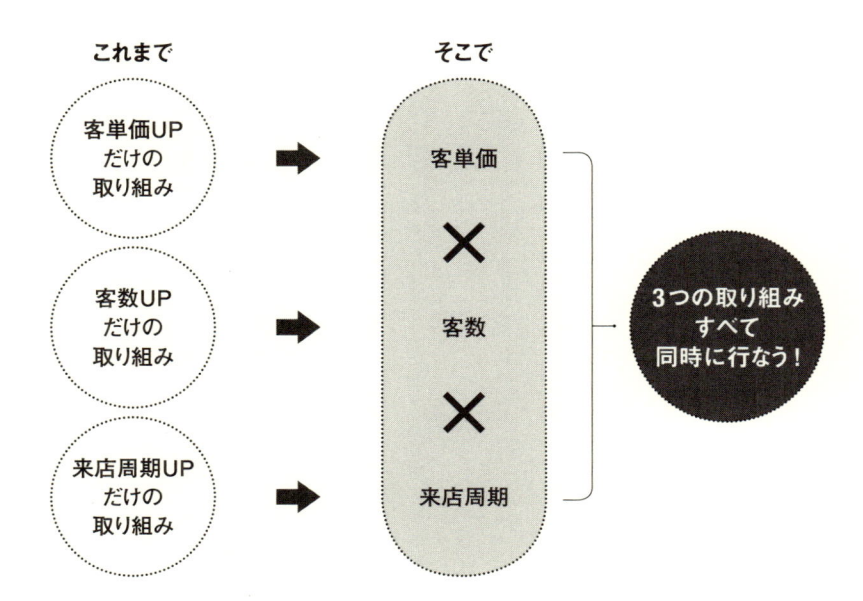

これまで
- 客単価UPだけの取り組み
- 客数UPだけの取り組み
- 来店周期UPだけの取り組み

そこで

客単価 × 客数 × 来店周期

3つの取り組みすべて同時に行なう！

2 お客様の「層」を知ろう

♣ 売上の80％は上位20％のお客様が支えている

販促企画を検討する際には、顧客分析を行ない、現状を正確に把握する必要があります。そこでまず、全顧客の年間利用金額リストを作成し、年間の利用金額順にお客様を分類してみましょう。

完成したリストで注目していただきたいのは、売上順位の上位20％のお客様が、売上全体の約80％を占めているという点です。一般的に「パレートの法則」といわれる法則で、美容室を経営する上で、さまざまな場面に応用できますので、ぜひ覚えておいてください。

お客様が100人、売上が100万円の美容室の場合、上位20人のお客様の売上が、売上全体の80％、80万円分を占めるという法則です。

反対にいえば、残る80人のお客様による売上は、売上全体のおよそ20％の20万円にすぎないということになります。つまり、売上アップの取り組みは、まず上位20％のお客様に対してアクションを起こすと、最も効果的であるということになります。

♣ 顧客の層の特徴を把握する

顧客分析において、もうひとつ注目していただきたい点は、上位、中位、下位それぞれの顧客タイプの共通点に目を向けることです。

美容室やヘアスタイルに対する価値観、ニーズは顧客タイプによって異なります。つまり、所得レベルや職業、世代、交友関係などにより、来店頻度や消費金額はそれぞれ異なるということです。

ということは、すべてのお客様を対象に企画を考えるのではなく、上位、中位、下位それぞれのタイプやニーズに適した企画を検討したほうが、効果的であるということです。

販促の効果が思わしくない場合には、企画の対象が「すべてのお客様」となっていないかどうか検証してみましょう。

136

お客様を分類すると……

お客様をひとくくりで考えると
- 企画の焦点が不明確になりやすい
- ワンシーズン、ワン企画
- すべてのお客様が大切
- ディスカウントによる企画となりやすい
- お店の特徴が打ち出しにくい
- お店として、どこを向いて商売するのかがわからない

お客様を分類すると?
- 企画の焦点を明確に定めることができる
- ターゲットごとにさまざまな企画
- すべてのお客様が大切ではあるが、お店への貢献度が違うということに気づく
- 不要なディスカウントを行なわずにすむ
- お店の特徴が打ち出しやすい
- どこを向いて商売すべきかが明確になる。そのための具体的な方法が見えてくる

これまで → **これからは**

お客様は全員大切
上位20%のお客様も、
下位20%のお客様も、全員同じ扱い

- お客様は全員大切!
- 全員に同じ企画!
- 全員に均一のサービス!

お店にとって一番なのは
上位20%のお客様
企画内容に区別をつける

- 上位 20%
- 中位 60%
- 下位 20%

3 上位20％のお客様攻略法

♣ 安易な値引きはNG

では、上位20％の顧客タイプを具体的にしてみましょう。上位20％のお客様の特徴は、経済的にゆとりがあり、ヘアスタイルへの関心が高く、価格に左右されにくい傾向があります。上位20％のお客様は、最も大切な常連顧客であるということができます。

したがって、上位20％のお客様に対しては、安易な値引き路線ではなく、これらの方々が必要とする、プラスメニュー、新メニュー、新商品を提案することが最も効果的です。新メニューなどの導入の際には、導入の目的、そしてそのことによるお客様のメリットをわかりやすくまとめて案内を差し上げます。

案内は「○○キャンペーン」という一般的な企画の打ち出し方ではなく、「当店にとって特別なお客様だけのための……」という趣旨が伝わるような企画の打ち出し方がポイントとなります。

♣ 上位20％のお客様は「特別扱い」

上位顧客をメインターゲットとした商品の提案の場合には、割安感をイメージさせる大量陳列ではなく、むしろ、あえて陳列せず、商品を"わざわざ取り出してくる"といった特別扱いがお勧めです。方法を間違えると、せっかくの「あなただけの特別なメニュー」が「特別」でなくなってしまう可能性があります。POPについても同様のことがいえます。店内にPOPを貼り出すと、「一般向け」という印象を与えがちです。VIP専用の提案ツールを作成して、それを見せながら提案するといった演出が効果的です。

「類は友を呼ぶ」という諺の通り、人は同じタイプの方と交友関係を持つことが多い、ということにも留意してください。上位20％のお客様の周りには、新たな上得意候補となるお友達が多いと考えられます。上位20％のお客様に向けて企画する際には、「口コミ」も視野に入れて検討しましょう。

138

上位20％の顧客タイプとは？

- ✔ 経済的にゆとりがある
- ✔ 値段よりも品質重視
- ✔ お友達も同タイプのハイクラスの方が多い傾向
- ✔ ヘアスタイル、髪の状態に関心が高い
- ✔ お店の常連で、お店、スタッフ、オーナーに愛着を持ってくださっている
- ✔ 他店に流れにくい
- ✔ 来店頻度が高い

上位20％の顧客攻略法

- ✔ 値引きではなく、さらにハイグレードなメニュー、商品開発と提案による単価アップ
- ✔ ホームケア、スタイリングなどの顧客サービス強化による商品売上アップ
- ✔ 来店周期をさらに短縮するための、定期的なお誘いの手紙
- ✔ 手紙、ニュースレターにより信頼度を一層強化してお友達をご紹介いただく
- ✔ お店にとって、特別に大切なお客様であるという感謝の気持ちを日頃からきちんと伝える

4 中位60％、下位20％のお客様攻略法

次に、上位20％以外のお客様の特性や攻略法を考えてみましょう。

中位60％のお客様は、「平均的なお客様」ということができます。こうした顧客タイプは、価格や流行に左右されやすい傾向があります。そのため、上位20％のお客様向けの企画とは趣向を変える必要があります。

中位60％のお客様をターゲットにした企画を立てる場合のポイントは、流行、マスコミの情報を意識した話題性のあるメニューや商品を検討することです。

❖ 値引き率は中位と下位で区別する

中位60％の顧客タイプには、価格も大きく影響します。注意が必要な点は、値引き率を検討する際には、下位20％のお客様は企画の対象から除外するということです。

その理由は、下位20％のお客様を動かすには、さらに大幅なプライスオフが必要となるからです。

したがって、もしも下位20％のお客様だけを企画の対象とするのであれば、下位20％のお客様をターゲットとした企画として検討することになりますが、あえて下位20％のお客様をターゲットとして企画を打ち出すメリットがあるのかどうかを、再確認する必要があります。

♣ プライスオフをする目的は？

1人でも多くのお客様にご利用いただきたいとの思いから、幅広いお客様をターゲットとして企画を考えると、必然的に「ターゲットが不明確な企画」となり、そうした企画は、訴求力が弱くなります。

そこで訴求力を高めようすると、どうしても、価格の安さを前面に打ち出した企画になりがちです。

そうならないように、企画を検討する際には「メインターゲットはどんなお客様なのか？」「この企画の目的は何か？」「なぜこの企画なのか？」という3つの視点から検討することがポイントです。

140

中位60％の顧客攻略のポイント

- ✔ 流行にのった話題性のある企画、メニュー、商品を導入
- ✔ 多少の割安感を打ち出す必要がある
- ✔ 店内のPOPなどのムードづくりも大切な要素となる
- ✔ 商品の陳列法は、大量陳列が効果的
- ✔ チラシ、ポスティング、フリーペーパー、HPによる新規客獲得も同時に検討

下位20％の顧客攻略の注意点

- ✔ 無意味な値引きは、店の格を低下させることにもつながる
- ✔ 価格に左右されやすい
- ✔ 無意味な値引きを行なうことで、客層が変わる可能性がある
- ✔ そのことで、上位20％のお客様が去ってしまう可能性がある
- ✔ どうしても動かしたい場合は、別口で割引率を高くしたチケットを個別に郵送し、この客層だけに合わせた企画内容にする

| これまで | すべてのお客様をターゲットとした販促活動 | ➡ | 顧客タイプを分類すると？ | 上位20％への販促
中位60％への販促
下位20％への販促 |

5 客数から考える傾向と対策

客数、客単価は、サロンオーナーが特に目を光らせてチェックしておくべき大切な項目です。数字として捉えるのではなく、過去3年分のデータを折れ線グラフで表わすと、店の傾向をはっきりと知ることができます。

✤ 客数の減少は危険信号

客数と売上がともに増加しているのであれば、問題ありません。しかし、売上が伸びているにもかかわらず、客数が伸びていない。または売上は維持していても客数は減少しているという場合は、客数の減少分を客単価でカバーしているため、注意が必要です。

こうした傾向は、衰退期に差し掛かったサロンに多く見られます。

一般的に客単価は、お客様のふところ具合に左右されやすい性格のものです。一方、客数は店の「人気度」「信頼度」を表わすバロメーターです。

したがって、客単価も大切ですが、それ以上に客数の増減に目を光らせておく必要があります。

客数が継続して減少している場合、お客様が店に対して共通の不満を持っていると考えられます。お客様に緊急アンケート調査を実施して問題点を探る必要があります。また、スタッフの若返りや、店舗改装、魅力ある新メニューを早急に検討する必要があります。

✤ 重要なのは「集客」より「失客防止」

多くの美容室では、客数を増やそうと、新規集客に力を入れます。それを否定するわけではありません。新規客の集客も大切ですが、実際は、それ以上に「失客を減らす」取り組みに力を入れる必要があります。

なぜなら、「失客を減らす」取り組みは、結果として「リピート率を上げる取り組み」でもあるからです。

失客の真の理由を理解しないまま集客に力を入れたところで、お客様が定着することはないでしょう。

142

客数減少に伴う見直しのポイント

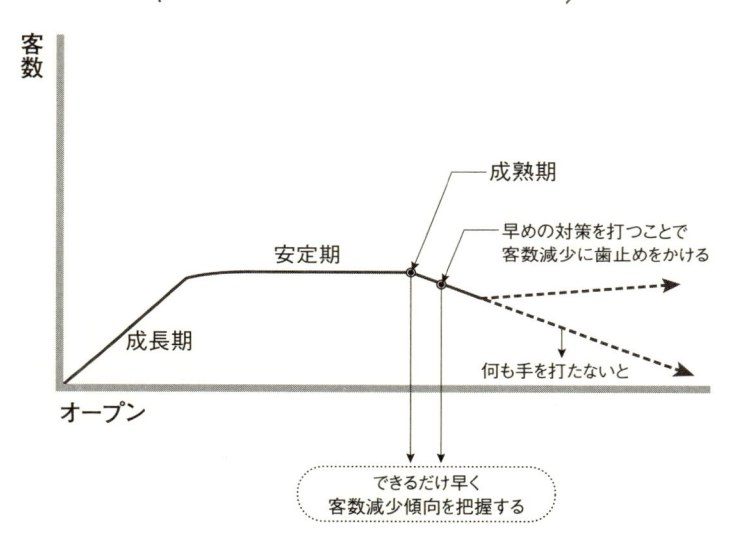

客数

成長期 — 安定期 — 成熟期

早めの対策を打つことで客数減少に歯止めをかける

何も手を打たないと

オープン

できるだけ早く客数減少傾向を把握する

- ✔ 既存客に対するアンケート調査の実施
- ✔ 技術、接客、サービスの見直し
- ✔ メニューの見直し
- ✔ 販促、企画の見直し
- ✔ 必要によっては店内、外、小規模（大規模）改装の検討

6 ライフサイクル別戦略

人の一生と同じように、店にもライフサイクルがあります。オープンにはじまり、成長期、成熟期、衰退期へと店も変化していきます。そこで、ライフサイクルに応じた戦略と注意点について説明します。

♣ 成長期までは全力で新規集客

オープンから時間が経つほど、新規客の集客が難しくなるため、成長期までは、新規客獲得とリピート率を高めることに全力で取り組むことが大切です。

スタッフは、遅くても成長期のうちにしっかりと固めておく必要があります。そのためにも、できるだけ早い時期からスタッフの教育システム、店内各種システムを構築し、スタッフにとってやりがいを持てる美容室への基礎を築いておきましょう。

♣ 安定期からは「専門的高単価サロン」をめざす

成熟期に入ると、店全体に新鮮さがなくなり、新規集客の反応が鈍くなります。

そこで安定期の期間をできる限り長く継続するためには、専門性を高め、特殊性のある新メニューを導入するといった取り組みが不可欠です。

新メニューは、既存客の単価アップのみならず、その特殊性によっては、口コミによる新規客開拓にも貢献します。「専門的高単価サロン」へと移行して生き残るよう、メニューを考えていく必要があります。

♣ スタッフの平均年齢を上げ過ぎない

成熟期になると、スタッフの平均年齢も高くなる傾向があります。新人を採用して遅くとも成熟期までにはスタイリストデビューさせる、もしくはスタイリスト予備軍を育成しておく必要があります。

スタッフの平均年齢を上げ過ぎないということが、衰退期をできるだけ先送りするためのポイントです。

また、そろそろ店舗のリニューアルを検討すべき時期にも差しかかっています。そうしたことからも、今後の方向性を再検討する時期といえるでしょう。

お店のライフサイクル別戦略

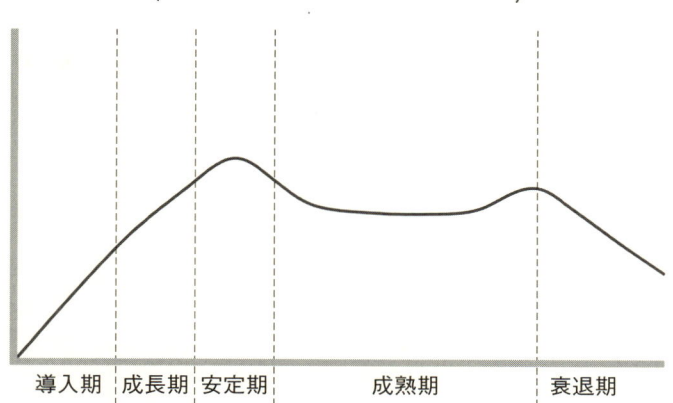

導入期 | 成長期 | 安定期 | 成熟期 | 衰退期

導入期・成長期の対策

- ✔ お客様の集客にポイントをおいた販促
- ✔ 次の戦力となるスタッフをスタイリストデビューさせておく

成長期・成熟期の対策

- ✔ 新メニュー導入の検討→軌道に乗せる
- ✔ スタイリストの人数を増やしておく
- ✔ 新卒採用によりスタッフの平均年齢を下げる
- ✔ 内装の見直し

7 企画を成功させる "PDCA"

キャンペーンなど、年間の各種企画には計画、実行、そして反省という段取りが必要です。そして、特に大切なポイントは、反省を次回の企画の計画、実行へとフィードバックして、より効果的な企画の打ち出し方を検討していくということです。

いわゆるPDCA（Plan・Do・Check・Action）を回すことが、企画の成功には欠かせません。

ただ、具体的で詳細なデータを取っていないと、せっかく行なった各種企画の学習効果を発揮することなく、「経験とカンだけで企画を打つ」の繰り返しとなりがちです。

♣「誰に・なぜ・いつ・どうやって」実施するか

企画を計画する上では、誰に対して、なぜ、いつ、どういった方法で行なうのか、そして売上目標をいくらにするのかを明確に打ち出しておく必要があります。

たとえば成人式には、多くの美容室が店頭に「成人式のご予約承ります」といったポスターを貼り、予約を待っていますが、事前にカルテにお客様の生年月日を記入しておけば、該当するお客様全員に個別に案内を出すことができます。さらに、対象となるお客様には多くの同学年の友達がいるはずですから、友達を紹介していただくための割引チケットを同封します。その上、送迎を無料で行なうなど、他店にないサービスを実施します。

企画の結果は、狙ったターゲットに対して魅力があったのか、企画を打ち出す時期は適切だったのか、企画の打ち出し方・料金・販促方法に問題がなかったのかなどの改善点を具体的に検討して、次回に反映させます。

小規模なサロンの多くは、企画の案内といった事前の準備が不十分だったり、企画そのものの導入時期が遅れやすいという共通点があります。その原因は、年間販促計画が作成されていない点にあります。

特に、何度企画を打っても思うように効果が上がらないサロンでは、企画の反省が軽視されています。

146

企画実施後は「反省」が重要！

企画の反省が欠けているサロン ✗

- 無計画、準備不足の企画
- 企画に対して明確な売上目標がなく、スタッフのモチベーションが上がらない お客様に、事前に企画内容が伝わっていない
- 企画の失敗 十分に反省しない
- 何度も同じ失敗をする

企画を反省して次に活かすサロン ○

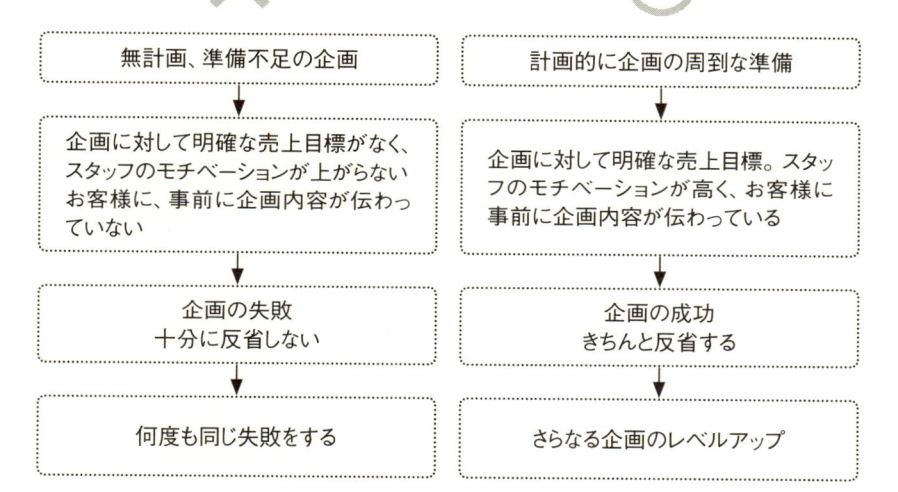

- 計画的に企画の周到な準備
- 企画に対して明確な売上目標。スタッフのモチベーションが高く、お客様に事前に企画内容が伝わっている
- 企画の成功 きちんと反省する
- さらなる企画のレベルアップ

企画の反省

企画の反省ポイント	YES	NO
企画内容をお客様に浸透させるために、事前にチラシなどで販促活動を行なったか？		
店頭、店内POPは効果があったか？		
企画に対して明確な人数、売上目標を出したか？		
企画の内容、金額、時期は適切だったか？		
企画の準備に十分な時間をとって作戦を練ることができたか？		
企画に対して、スタッフのモチベーションは上がっていたか？		
企画の結果を数字として具体的にしたか？		
目標人数、目標売上に達したか？		
次回の改善点を見出すことができたか？		

8 メニューにひと工夫して価値を上げる

♣ 成熟期に入ると、値崩れが起こる

毎年、入梅の頃になると、多くの美容室が、ストレートパーマや縮毛矯正を前面に出して企画を打ち出します。美容室が乱立するエリアでは、同一ブランド名の縮毛矯正でありながら、美容室によって価格が大きく異なるといった現象が起こります。

消費者の目に、その価格の違いはいったいどう映るでしょうか？

「同一ブランドの縮毛矯正なら、価格の安い美容室で縮毛矯正だけをしてもらい、カットはいつも通っている、安心して任せられる美容師さんにお願いしよう」

このようなケースも考えられるはずです。

メーカーがブランドメニュー名を前面に出して、積極的に広告活動を展開している間は、そのブランドを消費者にアピールすることは店にとってもメリットがあります。しかし、そのブランドが成熟期に入ると、やがてディスカウントする店が出てきます。

ここにメーカーのブランド名をそのまま使うリスクがあります。

これは、縮毛矯正に限った話ではありません。消費者は、同じネーミングの技術メニューであれば、それを提供する店が異なっていても、同一の技術と判断します。

♣ オリジナルのネーミングで差別化

そこで、他店と差別化するために、技術メニューにオリジナリティを加えて当店の独自メニューをつくりましょう。価格競争に巻き込まれることなく、他店との差別化を図ることができます。

この考え方は、すべての技術メニューに応用することができます。カットであれば、プライス表にただ「カット」と記入するのではなく、「○○カット」と表記します。すべてのメニューをオリジナルのネーミングに変えることで、他店と差別化し、価格競争を避けることにつながります。

148

他店と差別化するメニュー例

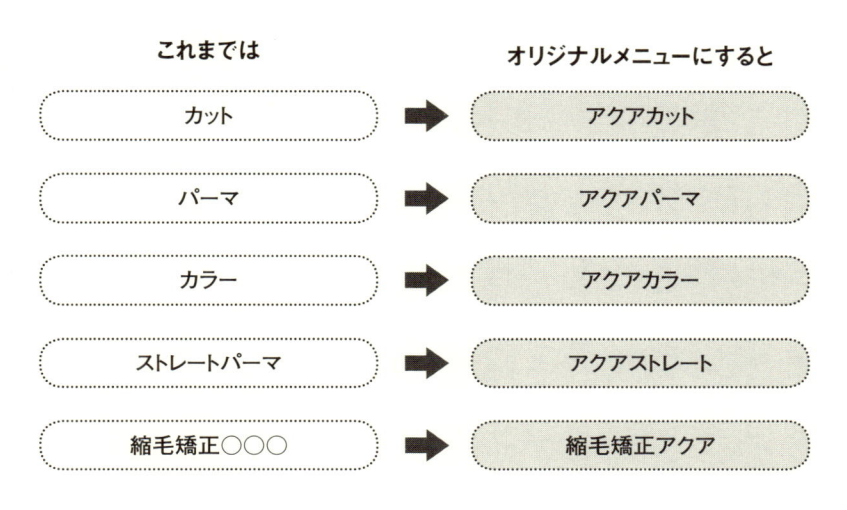

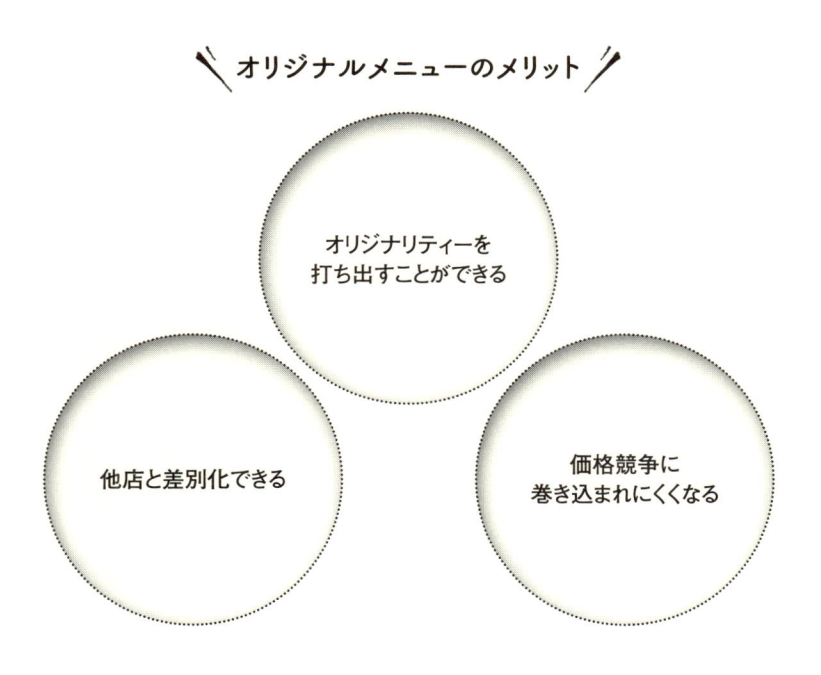

これまでは		オリジナルメニューにすると
カット	➡	アクアカット
パーマ	➡	アクアパーマ
カラー	➡	アクアカラー
ストレートパーマ	➡	アクアストレート
縮毛矯正○○○	➡	縮毛矯正アクア

オリジナルメニューのメリット

- オリジナリティーを打ち出すことができる
- 他店と差別化できる
- 価格競争に巻き込まれにくくなる

新メニューで客単価速効アップ

売上を上げる要素に「客単価」があります。客単価を上げる方法のひとつに、新メニューや新商品の導入があります。そのためには、日頃から薬剤や新商品に関する情報を収集しておくことが大切です。

♣ 新メニュー・新商品は必ずスタッフに体感させる

新メニューや新商品を導入する上で大切なのは、導入する新メニュー・新商品は必ずスタッフに体感させるということです。

美容業界では、次から次へと新しい薬剤や商品が開発され、サンプルとして日常的にプレゼンされるため、経験年数が長いスタイリストほど、新メニューや新商品に対する興味や関心の度合いが低くなりがちです。

その結果、新メニューや新商品の特徴を詳しく把握していないばかりか、実際に使用することなくお客様に提案しているケースが見られます。

このような提案では説得力がなく、お客様の心を動かすことはありません。

新メニューや新商品は、必ず使ってみて、「ユーザーならではの率直な感想」をお客様に伝えることが大切です。

♣ 常連客共通の悩みと改善メニューを載せる

売上アップのための取り組みは、常連客からはじめると効果的です。あらためて常連客のニーズを探り、新たな提案を行なえば、新しい需要を創造することにつながります。まずは常連客専用のアンケート調査シートを作成し、常連客の多くに共通する悩みと、それを改善するメニューや商品のチェック項目を記載しておきます。

たとえば、中高年の女性は「ツヤ、はり、コシがない」という悩みを持っている方が多いはずです。そこでツヤ、はり、コシの悩みに関するチェック項目を設けておきます。その上で、それらの悩みを改善するメニューや商品の項目も合わせて入れておきます。

常連客の声にはヒントがいっぱい！

アンケートのお願い

いつも美容室オアシスをご利用いただき心から感謝しています。
もっともっと、お客様の声にお応えしたい！
そこで、アンケートにご協力いただけないでしょうか？

1 髪のお悩みはありますか？
☐ YES　　　☐ NO

2 YESとお答えいただいた方、お悩みはどんなことですか？
☐ ダメージが気になる　　☐ 白髪が気になる　　☐ はり・コシがなくなった
☐ 髪の毛が薄くなった　　☐ 抜け毛が多くなった

3 今後、以上のすべてのお悩みをこれまで以上に解決する新メニュー導入に取り組んでいきたいと考えています。そこで、これらのお悩みを解決する新メニューを導入した場合、施術したいと思われますか？
☐ ぜひ、施術してみたい　　☐ 内容と金額によっては、施術してみたい
☐ まだ、今はわからない　　☐ あまり興味がない

4 これらのお悩みを解決する新メニューを導入した場合、ご案内を送らせていただいてもよろしいでしょうか？
☐ YES　　　☐ NO

もっともっとよりよいお店にしていきたい！
そこで、お店に対して「もっとこうしてほしい点」など、
どんなことでも結構ですので、お気づきの点をご記入くださいませ。

ご協力ありがとうございました。

10 新メニューはこうして軌道に乗せる

新メニューを軌道に乗せるためには、「お客様にどのように新商品や新メニュー知らせるのか」を考えなければなりません。そのためには、第一に、どのターゲットに対して、どんな新メニューを提案するのかを明確にしておく必要があります。その上で、対象顧客に合うアプローチを検討していきます。

♣ **案内を3回送る**

そこでぜひ行なっていただきたいのは、まず「新商品や新メニューを導入する目的」を手紙に書いて、対象顧客に送ることです。次に、導入準備の途中経過も同様にご案内の手紙を送ります。このことでお客様は、一層新商品や新メニューに興味と期待感を抱きます。

そして最後に、実際の導入前にあらためて新商品や新メニュー導入のご案内を、お試しチケットなどのツールを同封して送ります。

新メニュー導入に際して、1回限りのご案内しかしていないケースが多いと思いますが、導入の目的、途中経過、そして導入直前の最終のご案内をするという点がポイントです。

♣ **「お客様の声」を販促ツールに**

ニュースレター、ホームページでも同様に取り上げていくことで、期待感をさらに盛り上げることができます。さらに導入後は、新商品や新メニューをご利用になった方から、「お客様の声」をいただき、それを小冊子にまとめるのもいい方法です。これは、まだご利用いただいていないお客様への販促ツールとして活用できます。もちろん、新商品や新メニューをご利用いただいた方に対しては、ホームケアのアドバイスなどのフォローツールを事前に準備しておきます。

これまでさまざまな企画を打ちながらも、軌道に乗せることができなかった、というケースも多いと思います。あえて「〇〇キャンペーン」と銘打つことで、お客様が引いてしまう可能性がありますので、導入にあたってのキャッチコピーには注意が必要です。

152

＼ 3回伝える手間ひまによって結果に差が出る ／

**新メニュー導入の
ご案内
DM第一弾を郵送**

> **POINT**
> 具体的内容を明らかにしすぎないで、期待感を抱かせる

「つむじの薄さが気になる」
そんな悩みを多くのお客様からいただいていました。
その悩みを解決してくれそうな新商品が開発されました。皆さまに責任をもってご案内できる商品かどうか、ただいま検討中です。

**新メニュー導入の
ご案内
途中経過の報告
DM第二弾を郵送**

> **POINT**
> 新メニュー導入準備のスタッフの取り組みをご案内することで、親近感と期待感を抱かせる

先日ご案内させていただきました、「つむじの薄さ」の悩みを解決してくれそうな新商品の勉強会がありましたので、スタッフ全員で参加してきました。
とってもすばらしい、画期的な商品でした。
そこで、自信をもってご提案できるよう、ただ今スタッフ全員で猛勉強中です。あと少しで、皆さまにご紹介できそうです。

**新メニュー本格導入
のご案内
DM第三弾を郵送**

> **POINT**
> 最後に具体的内容を明らかにし、さらに期待感を抱かせる。お試しチケットを同封しておく

お待たせいたしました。「つむじの薄さ」の悩みを解決する新商品、ようやく、導入いたしました。
私たちスタッフも実際に使用し、お悩みの方には自信を持ってご案内できる商品であると確信いたしております。

新メニューを施術いただいたお客様には、感想を記入いただき、ニュースレターやDMなどに、「お客様の声」として載せる。まだご利用いただいていないお客様へのお勧めツールとなる

年間計画でお客様を楽しませよう

❖ 季節ごとの行事で「楽しい美容室」に

貴店では「年間計画」を立てていらっしゃるでしょうか？ これもミーティングでしっかり話を詰めておくべき大切なテーマです。なぜなら、年間計画こそ、年間売上目標を達成するために不可欠なベースとなるものだからです。また、お客様に季節感や刺激を感じていただき、「行くのが楽しみな美容室」へと、お客様満足度を高めることにつながります。

年間計画というと仰々しく感じられるかもしれませんが、はじめから完璧な計画をつくろうと思わず、まずは作成してみることが大切です。

年間計画を考える際には、「年間行事」を参考に考えていくのが最も簡単な方法です。主な年間行事には、卒業、入学、就職、そして転入、転出があり、3月～4月は年間計画を立てる上ではずせない期間です。卒業、入学、就職を意識したパーマ、カラーなどによるイメージチェンジ提案はもはや常識です。無料のワンポイントメイクアドバイスや、簡単にできるヘアアレンジのアドバイスまで含めて、イメージチェンジ提案を行ないましょう。

転入が多いということは、新規客を獲得する絶好のチャンスでもあります。そこで、チラシやポスティングによる新規集客の方法を検討します。行楽、帰省シーズンの7月、そして年間を通じて最も忙しい12月にも、チラシやポスティングによる新規集客の方法を検討しておきます。

また、こどもの日、父の日、母の日、敬老の日、クリスマスなどの各種イベントに関連づけた技術メニュー、商品販売などの企画を年間計画に落とし込みます。

年間計画を作成する上で大切なのは、イベントに関連づけた技術メニュー、商品販売などの各種企画、それぞれにおいて目標売上金額、または目標人数を数字で具体的にしておくことです。その上で、達成するための具体策をミーティングで検討していきます。

年間計画作成のポイント

```
                    年間売上計画
                         ↕
スタッフ個人売上計画 ⇄  年間総合計画  ⇄ スタッフ教育スケジュール
                         ↕
                    年間販促計画
```

- 年間売上計画だけでなく、個人売上計画まで落とし込むことがポイント
- お店の総合的な年間計画を立てることがポイント
- 前もってきちんと周到な準備をすることができる
- スタッフ教育スケジュールによっては来期の採用計画

年間計画作成のメリット

- ✓ スタッフにとって、将来の自分の姿をイメージしやすい
- ✓ スタッフにとって、将来のお店の姿をイメージしやすい
- ✓ 計画的に前もって、各種販促活動の準備に取り掛かることができる
- ✓ 具体的な行動や目標を打ち出すことにより、スタッフのモチベーション向上につながる
- ✓ 一度作成すると、反省点、改善点を翌年の年間計画に活かすことができる

12 年3回のアプローチで客数アップ

一般的に、1年間で総顧客数のうち約20％のお客様が来店しなくなるといわれています。店全体の顧客総数を500人とすると、その20％である100名のお客様の来店がなくなるということは、大きな問題です。

そこで、繁盛期である3月、7月、12月に、固定客の自然減をカバーする新規集客の企画を検討しておきましょう。新規集客の方法は、折込みチラシ、ポスティング、タウン誌、フリーペーパー、ホームページ、紹介などが考えられます。

✤ **3月、7月、12月には新規集客企画**

✤ **新規集客のポイントは「量」ではなく「質」**

新規集客の企画を検討する上でやってしまいがちなのは、多くのお客様に来店いただこうとするあまり、企画のターゲットを広げすぎるということです。どの美容室にも「強い客層」「弱い客層」が必ずあるはずです。1人でも多くのお客様を集客しようとして、自店の弱い客層に来店いただいても、あまり意味がありません。

新規集客においては、一般的に、ある程度の技術値引きを行ないます。いうまでもなく、その目的は、「損して得を取れ」——つまり、最終的には来店したお客様に固定客となっていただくことが目的です。

では、値引きをして自店の弱い客層に来店いただいたとして、そのお客様がリピートしてくださる確率はどれくらいあるでしょうか？　非常に低いということは、既存のお客様を見れば一目瞭然のはずです。

✤ **自店の強みを生かす**

勝ち残るための法則のひとつは、自店の得意分野を伸ばして専門分野とすることで、他店と差別化を図るということです。

幅広い顧客層をターゲットにするということは、自店の専門性や特殊性を打ち消し、どこにでもある普通の美容室へと向かっているということになります。

156

年間の転入と転出の推移

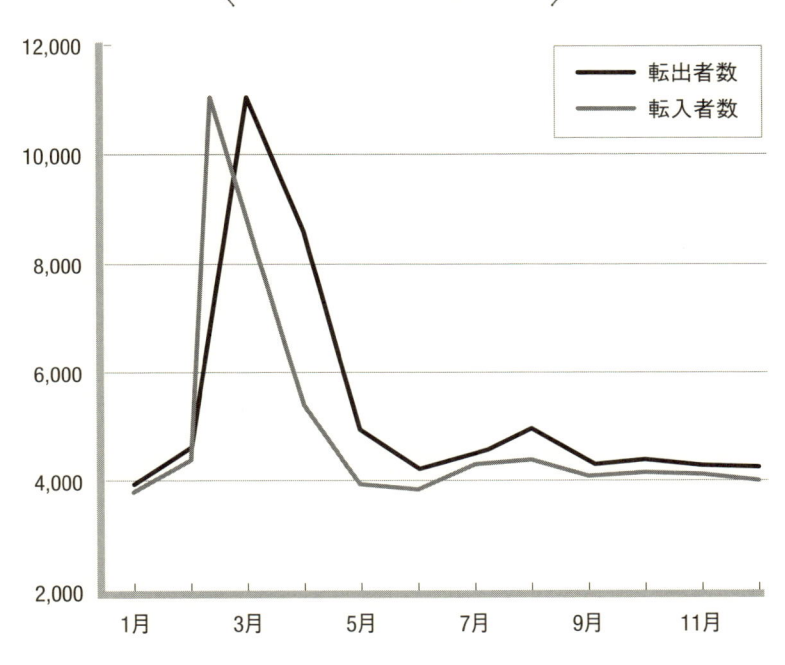

グラフ凡例:
- 転出者数
- 転入者数

> この地域では、転入者数が年間で最も多い3月・4月に新規集客をかけていくと効果的
>
> 需要期である7月・12月も合わせ、最低でも年3回は新規集客を行なって新規客を獲得していく

13 顧客別販促チケットで365日キャンペーン

♣ ワンシーズン、ワン企画ではもったいない

美容室のキャンペーンは、一般的に「ワンシーズン、ワン企画」となりがちです。

そうした、サロン全体での企画であるキャンペーンの盲点は、そのキャンペーンに関係がないお客様が大勢いらっしゃるという点です。そのようなお客様に対してスタッフは、日常のサロンワークのなかで、さまざまな提案をしているはずです。しかし、思うように結果へとつながらない場合が多いはずです。

その理由のひとつは、「特典」がないことです。

「○○キャンペーン」などサロン全体で取り組む企画には、通常「特典」があって、そのために、スタッフはお客様に提案しやすいはずです。

一方、日常のサロンワークにおいて、スタッフがお客様に対して行なう提案には、店のお墨付きである「特典」がありません。

そこで、サロン全体で取り組むキャンペーンとは別に、各スタイリストがいつでもお客様のタイプに応じて販促活動を行ないやすくするために、スタッフの裁量で自由に使える販促チケットを作成しておきましょう。

♣ お客様のタイプに応じて販促チケットを活用

たとえば、お客様の来店周期の短縮化を目的に、有効期間付きの割引チケットを作成します。チケットを作成する上でのポイントは、お客様のタイプに応じて担当スタイリストが自由に有効期限を設定することができるように、有効期間を空欄にしておくということです。

また、「お試しチケット」として、お客様タイプに応じて割引率を変えたメニュー提案チケットを作成しておくのもお勧めです。こうしたツールがあれば、スタッフが毎月、いつでも自らの責任と判断において、セルフキャンペーンを行なうことが可能となります。

これまでの企画とこれからの企画

これまでの企画
- ワンシーズンにワン企画
- ディスカウント企画
- 企画のターゲットがあいまい
- 的確な企画を打ち出しにくい
- スタッフが売り込みにくい

これからの企画
- タイプ別にワンシーズンに多様な企画
- 上位20%のお客様には値引きではなくクオリティで単価アップ
- 明確な企画のターゲットを設定
- 的確な企画を打ち出しやすい
- スタッフが売り込みやすい

さまざまな割引チケット

カラーチケット

有効期限　　**月　　　日**

期限までにご来店のお客様¥500引きとさせていただきます。
他の割引との併用はできません。

縮毛矯正ご優待カード

_____様

有効期限　　年　　　月　　　日までは　通常¥25,000を
30%OFFの¥17,500

有効期限　　年　　　月　　　日までは　通常¥25,000を
20%OFFの¥20,000

有効期限　　年　　　月　　　日までは　通常¥25,000を
10%OFFの¥22,500

なお、他の割引との併用はご容赦ください

高大学生アクア縮毛矯正ご優待

年　　月　　日まで	通常¥25,515を **¥17,640**
年　　月　　日まで	通常¥25,515を **¥20,265**

美容室アクア

CHAPTER 7

新規集客から口コミにつなげる
オープン後の集客

オープン来店客に口コミしてもらおう

新規オープンした美容室に、さっそく足を運んでくださるお客様は、フットワークが軽く、情報量が豊富にダイレクトに伝わる特徴を打ち出す必要があります。

また、好奇心が旺盛でグループの中心的存在、という傾向があります。

このようなタイプの方は、よくも悪くも周囲に大きな影響力を持つ方であると認識しておく必要があります。

♣ オープン来店客は口コミ影響力が強いお客様

オープン以降のお客様の流れは、まず、オープニングセールにフットワークの軽いリーダー的存在の方が来店し、その方が周囲に感想を伝えます。そこで「よい評価」を伝えてもらうことができたら、その次にフットワークの軽い方がお越しになります。こうして店の評価が「口コミ」でどんどん伝わっていきます。

よい口コミをしてもらうためには「わかりやすく、共感を生む明確なサロンコンセプト」が必ず必要となります。また、すでに地域で営業を行なっている平均

的な美容室とは明らかに異なるということが、消費者にダイレクトに伝わる特徴を打ち出す必要があります。

♣ 「お褒めの言葉」を書いてもらう

オープン来店いただいた、リーダー的存在のお客様を味方につける効果的な方法は、「お褒めの言葉」をいただくということです。

単に「お客様の声をください」とお願いするだけでは、プラス評価のお褒めの言葉がいただけるとは限りませんから、「お客様の声が私たちの喜びです！」という切り口でお声を集めます。

このようにいわれると、心理的に悪い評価を書きにくくなります。

そして、書くという行為によって、脳にその情報がインプットされ、自分で書いたプラス評価や応援メッセージをそのまま口コミしやすくなります。

162

お客様の声をチラシに使って口コミを起こす！

**本日は、美容室オアシスにご来店いただき
本当にありがとうございます！
お客様の声をぜひお聞かせください！**

- オアシスは、皆さまの声に謙虚に耳を傾けていきたいと思っています。私たちにとって、お客様の喜びの声ほど励みになるものはありません。でも、耳の痛い声もありがたく頂戴して、皆さまに愛されるお店を目指してがんばっていきたいと考えています。

どうぞよろしくお願いいたします。

この貴重なご意見を広告に使用させていただいてもよろしいですか？

（　YES　・　NO　）

お名前　　　　　　　様（匿名希望・ペンネーム　　　　　　）

ささやかではございますが、お礼に優待チケットを郵送させていただきたく、差しつかえなければご住所の記入をお願いいたします。

ご住所　〒

ご協力、本当にありがとうございました！

2 「お褒めの言葉」を活用し、さらに集客しよう

オープニング効果による新規の来店客数は、通常オープン3ヶ月を経過した頃になると、人数が減少してきます。同時に、この頃には新規来店いただいたお客様の「お褒めの言葉」がかなり集まってきた頃だと思います。これをオープン3ヶ月後からの集客に活用していきましょう。

お客様の声を活用した販促には、「お客様から忘れられることがなくなる」「共感を得る」"がんばってる感"を伝える」この3つの目的があります。決して派手ではありませんが、地道に情報発信を行なうことで、着実に結果へとつながるはずです。

✤ 「お褒めの言葉」を多くの方に知ってもらう

いただいたお客様の声の中から、店の広告として使えそうなお褒めの言葉を集めて原稿を編集します。編集する上でのポイントは、「特に来店いただきたい方々」を強く意識するということです。

また、お客様にいただいた言葉に対して、店側の感謝のコメントを必ず入れておきましょう。最終的にはお客様の声を小冊子にまとめて配布するのが理想ですが、オープン当初は時間的余裕がないため、編集した原稿はチラシやホームページなどのコンテンツとして使って、多くの人の目に触れるようにしておきます。

✤ 「お褒めの言葉」を口コミでさらに広める

お客様の声を編集したチラシは、店頭で「ご自由にお持ちください」と設置するとともに、店内のお客様にも目を通していただきましょう。また、常連のお客様には、お友達に渡してもらうようにお願いしてみましょう。

この作戦は、価格ではなく、価値を重視するお客様に情報を提供し、来店のきっかけをつくることを目的としています。ですから、安易に値引きの要素を落とし込んではなりません。そのことによって、情報の価値と信頼性を大きく失墜させることにつながる可能性があります。

164

オープン3ヶ月のお礼の挨拶文の例

おかげさまで美容室オアシスは
オープン3ヶ月を迎えることができました。
本当にありがとうございます！

お客様からこんな「喜びのお声」をいただきました！

★オープンおめでとうございます！ スタッフの皆さん、とても明るくていい感じでした！　　　　　　　　　　　　チワワ様（30代主婦）

♪ありがとうございます！これからもっともっと明るい笑顔でがんばりたいと思います！

★癒されました！さまざまなところに「癒し」の配慮がしてあって、特に「ハーブティー」は優雅な気持ちになりました。こんな美容室ははじめてです。とっても気に入りました！　　匿名様（40代主婦）

♪涙が出そうなくらいうれしいお言葉をありがとうございます！これからもっともっと「癒し」をテーマに取り組んでいきたいと思います！

★心のこもったシャンプーとマッサージがとっても気持ちよかったです！これからもがんばってくださいね。　　　　　匿名様（50代主婦）

♪ありがとうございます！これからも、お客様に喜んでいただくために、もっと"気持ちいい"を勉強していく予定です。どうぞお楽しみに！

美容室オアシスは、1人でも多くの方々との新しい出会いをさせていただきたい！ そして、1人でも多くの方々に喜んでいただきたい！ そんな願いでこれからもがんばっていきたいと思っています。
今後ともどうぞよろしくお願いします！

美容室オアシスをはじめてご利用いただくお客様全員に
10％割引をさせていただきます。
新しい出会いを楽しみにしています！

　　　　　　　　　　　　　　　　　　　　美容室オアシス
　　　　　　　　　　　　　　　　　　　代表　岡野マミ
　　　　　　　　　　　　　　　　ご予約優先　0120-000-000

3 「より満足」を求める消費者は必ず検索

消費者は、私たちの知らない所で転出と転入を繰り返しています。「引っ越しをして一番困るのは、美容室と病院」。そんなお客様の声を耳にされた方も多いはずです。

「どこか他に、もっとよい美容室はないのか？」と美容室を転々としている方は、驚くべき数にのぼるはずです。

そうした"潜在的なお客様"を開拓する重要な役割を担っているのが、ホームページ（HP）です。どこかによい美容室がないかと探すとき、ネットで情報収集をするのが当たり前の時代です。

チラシをはじめとした一般的な紙媒体広告は、不特定多数の消費者に対して広く情報を発信し、その中で興味を示した一部の消費者に対して効果を発揮します。一方、HPは、消費者が自らの意志に基づいて「検索」し、情報収集を行なうという点が、一般広告との決定的な違いです。

紙媒体広告は、限られたスペースの中で1人でも多くのお客様を獲得しようと、幅広い顧客ターゲットを意識した企画構成となりがちです。その結果、訴求力のない広告となり、期待する効果が上がらないのです。

そこで、訴求力を高めるための苦肉の策が「価格訴求広告」です。

❖ HPで伝えるのは「価値」

紙媒体広告とは異なり、HPにはスペースが無限にありますから、自店を利用いただくことによって得られる価値をしっかり伝えることができます。オーナーの考え方や理念に共感して来店くださったお客様は、価格の安さだけに振り回されないお客様です。割り切って他の店に任せてしまいましょう。

「来店いただくことで、いかに多くの満足を得ていただけるのか」という情報をHPでしっかり伝えることで、無用な価格競争とは一線を画しましょう。

166

検索する方は来店につながりやすい

$$満足度・誘因レベル = \frac{HPでサロンの価値を徹底的に伝える}{価格}$$

- 目的を持って
- HP検索
- 能動的な行動

↓

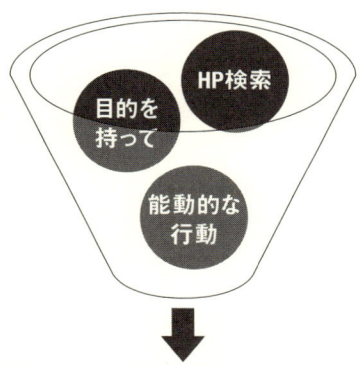

一般広告と比較しはるかに来店につながる可能性が高いツール

「ホームページを検索する」
＝何らかの目的を持ち、必要な情報を自ら収集しようとする能動的な行動
↓
来店につながる可能性が高い

フリーペーパーを見てくる
＝価格の安さに惹かれて来店した一見さん
↓
もっと安いお店があればそちらに流れる

4 HPの目的を新規集客に絞る

「せっかくHPをつくるのだから、さまざまなコンテンツを盛り込みたい」「誰に何を伝えたい」のか、焦点がぼやけてしまっているHPが多く見られます。

一般的にHPを開設する最大の目的は、「新規集客」のはずです。にもかかわらず、左ページのようなケースが後を絶ちません。「新規集客のためにHPをつくる」とぶれないことで、効果のあるHPを作成することができます。

♣ **メインターゲットを明確にする**

ターゲティングと訴求力の関係は、ターゲットを広く設定するほど訴求力は弱まり、ターゲットを絞り込むほど、訴求力は強くなります。言葉を変えると、「広く浅く」を選ぶのか、「狭く深く」を選ぶのかということになります。しかしそれ以前に、ウェブ上には多くのライバル店のHPが存在しているため、訴求力の弱いHPでは消費者を来店につなげることはできないと考えておくべきです。

♣ **ライバル店のHPは必ずチェック**

HPを検索して美容室を探す方は、たくさんの美容室を比較検討し、「どの美容室に行けば、最も満足できるのか」をさまざまな点からチェックします。そこで、ライバル店のHPをチェックして、自店が行なっている、お客様への配慮や心配りは、お客様満足レベルが高いと判断できるかどうか確認をしてください。お客様への配慮や心配りが、ライバル店よりレベルが高いと判断できれば問題はありませんが、もしそうでない場合には、HPの前に、まずは自店のあり方を見直す必要があります。

♣ **目的に合うHPをつくる**

HPの設計図を考える上でもうひとつ重要なポイントは、HPをつくる目的を常に念頭に置くということ

新規集客のためのコンテンツですか?

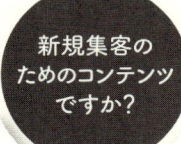

NG 無意味なイメージ写真が載っている
「ハサミ」や「花」などのイメージ写真がトップページに大きく載っていることで、閲覧した人が何を得られるのか?

NG スタッフの日常を伝えるブログ
来店したことのない新規客にとって、スタッフは知らない人。知らない人の日常を綴っても、あまり魅力はないはず。新メニューや商品などを紹介するブログならOK

NG トピックスやブログが長期にわたって放置されている
長い間更新されていない、ほったらかしのHPでは、店の経営姿勢を疑われる。
HPは店の鏡、店そのもの。マイナスイメージを与えるHPなら、ないほうがマシ

新規客がHPから知りたいことは……?

GOOD その店に行くとどんなメリットがあるか
GOOD 初来店の不安を解消してくれるか

5 来店につながるHPのコンテンツ

♣ 初来店の不安を徹底的に取り去る

はじめて来店するにあたって、ハードルになりそうなことは、HPを活用して徹底的に取り除いておきましょう。たとえば、店の入り口から、お客様動線に沿った店内の様子やスタッフの写真、施術中の写真を掲載しておくことで、はじめて訪れる心理的不安要因を取り除くことができます。

♣ 心遣いと便利情報はすべて"見える化"

それぞれ美容室において、日常のサロンワークにおけるさまざまなサービスや、さまざまな配慮があるはずです。しかし、そのようなお客様への配慮を、日常のサロンワークでこと細かに説明する機会はあまりないはずです。そこで、ホームページを利用して自店のウリ、そしてお客様への配慮をあますことなくしっかりと伝えましょう。

たとえば、技術保障や早朝営業などは、店側にとっては当たり前のことかもしれません。しかし、消費者にとっては当たり前ではありません。消費者が必要とするサービス、消費者にとってお得な情報を知らせないということは、優しくない店ということです。

♣ こちらが伝えなければ、消費者には伝わらない

どんな美容室であっても、サロンワークにおいて、さまざまな配慮や心配りなど当たり前のことを当たり前に行なっているはずです。しかしその当たり前は、こちらが伝えなければ、消費者にはわからないのです。したがって、お客様が求める当たり前なサービスに対して、自店での対応や、配慮などについて、一つひとつ丁寧にHPで伝えましょう。

消費者が知りたい情報をきちんとHPに載せていある、そのやさしい心配りが、HPを通じで消費者に伝わるのです。

URL http://www.~~~~~~~~~~~~~

美容室オアシスのお客様サービス

▼

「ヘア・ケア商品プレゼント」

初来店のお客様のヘアスタイルにピッタリの「スタイリング剤」または、髪質に最も適した「ヘア・ケア商品」を「プレゼント」しています。

▼

「ドリンクサービス」を行なっています

パーマやカラーなど、お待ちのお時間に「ドリンク」をご用意させていただきます。(コーヒー・紅茶・お茶・ホット/コールド) おかわりは、ご遠慮なくお申し付け下さい。滞在時間の短いお客様にもお飲物をご用意させていただきます。お気軽にお声がけください。

▼

「店内衛生環境には、細心の注意を払っています」

シャンプーの際に使用するフェイスガーゼは、衛生面に配慮し使い捨てを使用しています。もちろん、店内で使用するタオルは、一度お客様に使用したものはすべて洗濯します。肌に直接触れるものですので、上質なタオルを使用し、ふんわり仕上げを心がけています。店内の各所に、空気清浄機と加湿器を備え付け、少しでもお客様に快適に過ごしていただけるよう、サロン環境には最大の注意を払っています。

▼

「突然、雨がふりだしても、ご安心ください」

お帰りの際に、突然の雨がふりだしてもご安心ください。「貸出用の傘」をご用意していますのでご利用ください。

▼

「オアシス 自慢のヘッドマッサージをご体感ください」

シャンプーの際に、首にアロマスチームタオルを当てて行なう、オアシス自慢のヘッドマッサージ。首に充てたスチームタオルの心地よさと、アロマの香り、自慢のヘッドマッサージで極上の癒しをご体感ください。

▼

「カウンセリングシートで、お好みを把握させていただきます」

お客様のご要望は、ヘアスタイルだけではなく、シャンプーやマッサージの強さのご要望や、担当スタッフの男女のご要望。必要以上に無駄な会話をしたくない等、心の中では様々なご要望があるにもかかわらず、あまり口に出して言い難いご要望もあると思います。オアシスでは、そのようなご要望をカウンセリングシートにあらかじめ記入し該当事項にチェックを入れていただくことで、お客様のご要望を具体的に把握し、これまで以上の満足をご提供できるように努めています。

▼

「ヘアスタイル相談の来店も大歓迎です」

はじめての美容室に対して、少し不安のある方もいらっしゃると思います。オアシスでは、スタイル相談の来店も歓迎しています。スタイルはもちろん、店内の雰囲気やスタッフの対応をご覧いただき、ご納得の上、ご来店くださいませ。

▼

「少しでも気になる点は、ご遠慮なくお申しつけください」

仕上がったスタイルに、その時は満足でも、お家に帰ってから「ここが気になる」こんなことは、誰にでもあることです。そんな時は、遠慮なくご連絡をくださいませ。無料にてお直しさせていただきます。

6 HPに消費者を呼び込む「2ステップ集客」

HPをつくったとしても、必ずしも、検索結果の上位に表示されるとは限りません。また、チラシによる販促は、スペースが限られており、伝える内容にどうしても限界があります。

そこで、HPにアクセスしてもらうことをじっと待つのではなく、チラシを活用してHPにアクセスしてもらう。チラシで自店の魅力を伝えて、来店につなげる——チラシとHP相互のメリット・デメリットを補完する集客方法です。これを弊社では、2ステップ集客と呼んでいます。

♣ **2ステップ集客のチラシのポイント**

2ステップ集客におけるチラシの役割は、あくまでHPに誘導するためのきっかけです。

「あっ！ 私のことだ」「それって何？」「どんなことをするの？」「具体的にどうなるの？」、このようにピンポイントに顧客ターゲットを絞り込んだ内容をチラシに落とし込むことで、強い興味を持ってもらうことがポイントです。

「ぜひご来店ください」「○％OFF」といった、一般的な集客チラシのような売り込みフレーズはあえて書きません。まったく売り込まないということが、消費者には新鮮で、記憶に残りやすいのです。その結果、「どんな店なのか、HPで調べてみよう」と、消費者の関心を引き、HPに誘導するのが目的です。

2ステップ集客のチラシにはもうひとつ目的があります。自店で作成できるレベルの簡易なもので十分なため、経費をかけずにさまざまな情報を発信することができます。その結果、前向きな経営姿勢と店名が消費者の記憶に刻まれることになります。

「○○（地域名）美容室」というキーワードで検索し、記憶に残っている店名が表示されると、クリックする可能性が高まるばかりか、ダイレクトに店名で検索する消費者が確実に増えるはずです。

172

チラシからHPにアクセスしてもらう「2ステップ集客」

「今のカラーリング、満足していますか？」
「いつも同じで少し飽きていませんか？」

「春」新しく、何かが変わる予感！

カラーリングで気分を変えて
「新しい自分」探しにチャレンジ！

美容室オアシスの新しいカラーで
今年の春、あなたは変わる…！

オアシスオリジナルのウィービングカラー
この春オアシスが提案するカラーリングは髪全体を1色で染める一般的なカラーリングではなく明るさや色味が異なるカラーを数種類使用。いつものスタイルにメリハリと立体感動きを作り出すため、「女子力大幅にアップ」

「オアシス・オリジナル・カラー」
わかりやすい画像付き解説は、美容室オアシスのHPをご覧ください！

あなたをもっと綺麗にする情報が満載……
詳しくは「品川区美容室オアシス」で検索

| 検索 | 品川区　美容室　オアシス |

HPに誘導
↓

CHAPTER 8

スタッフのカウンセリング力を高め、
リピート率をアップする
ツールの徹底活用法

ツールの徹底活用で、お客様満足度を高める

売上とは「お客様満足の結果」です。したがって、売上をさらに引き上げようとするのであれば、お客様の満足度をさらに引き上げる必要があります。

お客様の満足度を上げるために、オーナーが第一に取り組むべきことは、お客様のご来店からお見送りに至るまでの間に、スタッフが提供しているサービスに対する、お客様の満足度をすべて再検証するということです。

♣ 評価を下すのはお客様

検証する上で、最も注意が必要な点は、「提供しているサービスに対して最終評価を下すのは、お客様である」というスタンスで、満足度を判断するということです。

したがって、それぞれの満足度の検証において、「普通に満足」の水準で「よし」としてしまうのではなく、最低でも「かなり満足」へと引き上げる代替策を検討し、スタッフのレベルを上げる必要があります。

♣ お客様満足度をさらに高める

スタイリストは、それぞれが独自の接客スタイルで、サロンワークを行なっているはずです。それが、結果として高いお客様満足へとつながっているのであれば、何も問題はありません。

しかし、もしその結果が、お客様の最終評価である「売上」につながっていないのであれば、早急に「スタッフのスキルアップ教育」に取り掛かる必要があります。

スタイリストの多くは、自らが提供しているサービスに対するお客様の満足度が低いとは思っていないものです。したがって、もしも、このまま本人の自主性にゆだねて何も手を打たなければ、今後も、これまでと同じようにお客様に接し続けることになります。そうしたスタッフに対して救いの手を差し出すことができるのは、オーナーしかいないのです。

8章 ● スタッフのカウンセリング力を高め、リピート率をアップする ツールの徹底活用法

ご来店時のカウンセリング

施術中の接客

ご来店から
お見送りに至るまでの
お客様満足度を
検証しよう

お見送り

2 ツールを活用してお客様の不満に耳を傾ける

♣ 新規客とは「他店の失客」

新規客の多くは、これまでさまざまな美容室へと足を運びながらも「今もって満足する美容室（美容師）に巡り合えないお客様」、いわば、他店の「失客」ということができます。そのような方を常連顧客へと導くためには、第一に、美容室や美容師に対して過去に「どんなことが不満だったのか？」「どうすれば満足いただけるのか？」を知る必要があるはずです。そしてそのためには、お客様の胸の内に耳を傾ける必要があります。

その前提があって、はじめて、お客様満足度を高めることができるはずです。

♣ お客様が言いにくいことを聞き出す

新規客の胸の内に耳を傾けるツールとして、「アンケートシート」を活用しましょう。お客様の胸の内には「できたらこうしてほしい」という、さまざまな要望が必ずあります。

しかし、「こうしてほしい」「ああしてほしい」とこと細かに要望を伝えるお客様はあまりいらっしゃらないはずです。そして、胸の内にあるものを伝えることのないまま、はじめて会ったスタッフに施術を受けることになるのです。

そこで、「本当はこうしてほしい」という想いをさらに深く掘り下げて聞き出すために、新規客専用の「カウンセリングシート」を作成しておいて、来店いただいたお客様に記入していただきます。

このように、ツールを活用して、お客様がこれまでに美容室や美容師に対して不満に感じたことや、「できればこうしてほしい」といった、口に出しにくい希望を事前に把握した上で施術に入ることで、スタッフが新規客の満足度を少しでも高めようと努力するようになるとともに、あらためてお客様一人ひとりの大切さを意識して担当するようになるはずです。

アンケート調査にご協力お願いいたします

当店では、お客様の声に謙虚に耳を傾けて
より一層ご満足いただける美容室を目指しています。

お客様が、過去に美容室や美容師に対して不快やご不満を感じたことがございましたら、ご記入をお願いいたします。

技術について

☐ シャンプーが（ザツ・気持ちよくない）
☐ マッサージが（ザツ・気持ちよくない）
☐ ドライヤーが熱い　　☐ クシ・ブラシの入れ方がザツ
☐ 思い通りにならない
その他（　　　　　　　　　　　　　　　　　　　）
その他（　　　　　　　　　　　　　　　　　　　）

接客・サービスについて

☐ なれなれしい言葉使い　　　☐ プライベートな質問
☐ 横柄な態度・言葉使い　　　☐ 希望がうまく伝わらない
☐ 髪質・クセのせいにされる　☐ 希望をよく聞いてくれない
☐ ホームスタイリングを教えてくれない
☐ ヘアーアレンジを教えてくれない　☐ あわただしい接客
☐ 待たされる　　☐ 説明が不十分　☐ 提案がなくいつも同じ
☐ 料金が不明瞭　☐ 商品を勧められる　☐ 時間がかかる
その他（　　　　　　　　　　　　　　　　　　　）
その他（　　　　　　　　　　　　　　　　　　　）

店内環境について

☐ 店内が汚い　　　☐ BGMがうるさい　☐ BGMの好みが合わない
☐ 店内が寒い・暑い　☐ 店内の雰囲気が暗い
☐ 店内がおちつかない　☐ 好みの雑誌がない
美容室に置いてほしい雑誌やご希望のBGMがございましたらお聞かせください。
（　　　　　　　　　　　　　　　　　　　　　）
その他（　　　　　　　　　　　　　　　　　　　）

その他のご意見・ご感想をお聞かせください

ご協力ありがとうございました。
今後、一層お客様にご満足いただくための参考とさせていただきます。

3 「新規客専用カウンセリングシート」の徹底活用

新規客専用カウンセリングシートは、お客様満足度を高めるという目的以外にも、より有効なツールとして幅広く活用することができます。

❖ カウンセリングシートで満足度を高める

①新規のお客様の来店動機を調べることで、集客販促の費用対効果を調査し、より費用対効果を検討するために活用します。

②口頭でのカウンセリングを行なう前に、事前にお客様の髪の悩みを把握することで、より満足度の高い提案やアドバイスを行なうことができます。

③は、髪に対するお客様の関心の高さを把握するための項目です。「興味があるので説明してほしい」という事項にチェックを入れた方は、髪に対する関心が高い方であると判断できます。また、「提案不要」にチェックを入れたお客様は、髪に対する関心が低い、あるいは、不要なセールスを受けることが嫌いな方であると判断できます。このような情報を事前に把握す

ることで、お客様のタイプに合わせて、満足度を上げるためのアプローチを変えることが可能となります。

④は、平均的な施術周期を知ることで、「年間にどれだけ美容にお金を使う方なのか」を把握することができます。年間で10万円以上の額を使うと判断できる方は、VIP客候補といえます。そこで、そのタイプの方と相性のいいスタッフに担当させれば、リピート率を高めることができます。また、施術周期を把握することで、より効果的な来店誘導のアプローチを行なうこともできます。

⑤は、お客様が口に出して言いにくいと考えられる事項をあらかじめカウンセリングシートに書いておき、より満足していただけるサービスへとつなげる目的があります。

また、左下のようにサイドメニューを書いておけば、スタッフのサイドメニュー提案をサポートすることができます。

新規客向けカウンセリングシート

お名前＿＿＿＿＿＿＿＿様

▶ ①ご来店の動機をお聞かせください
□チラシ　□DM　□看板　□通りがかり　□ホームページを見て
□ご紹介＿＿＿＿＿＿様のご紹介　□その他

▶ ②「髪のお悩み」についてお聞かせください
□ダメージ・パサツキが気になる　□白髪が気になってきた
□トップにボリュームがほしい　□髪が多くて広がりやすい
□ハリ　コシがほしい　□クセをなんとかしたい
□髪に自然な艶がほしい　□髪の色が暗い(明るい)のが気になる

▶ ③「髪のお悩み解決方法の提案」をさせていただいてもよろしいですか？
□興味があるので説明してほしい　□メニューだけ見せてほしい　□提案不要

▶ ④施術の周期についてお聞かせください
□カット(約　　ヶ月に1回)　□カラー(約　　ヶ月に1回)
□パーマ(約　　ヶ月に1回)　□ストレートパーマ(約　　ヶ月に1回)
□縮毛矯正(約　　ヶ月に1回)　□その他(約　　ヶ月に1回)

▶ ⑤その他ご要望をお聞かせください
□しっかりとカウンセリングしてほしい　□シャンプー(強め　弱め)
□ゆっくりしたいので必要以上に話さないでほしい　□マッサージ(強め　弱め)
□スタイリングアドバイスをしてほしい　□料金を明示してほしい
□急いでいるので早く仕上げてほしい　□髪のお手入れを教えてほしい
□男性スタッフ希望　□女性スタッフ希望　□どちらでもかまわない

▶ 人気サイドメニュー はいかがですか？
□ ヘッドスパ(10分3,000円)　□肩マッサージ(10分1,000円)
□眉カット(700円)　□眉カラー(700円)　□まつ毛カール(3,000円)
□白髪ぼかし(3,000円)　□ポイントカラー(3,000円)
□ヘアエステ(4,000円〜)　□ポイントパーマ・ポイントストレート(3,000円〜)

4 「リピート率アップカルテ」でお客様満足度を上げる

美容室で使われているカルテは、来店日、料金、施術内容など、主に施術に関する基本的な情報を記入するのが一般的ですが、カルテに「リピート率を高める」「失客を予防する」といった、「新たな目的」を持たせることで、スタッフが提供するサービスを向上させることが可能となります。

♣ リピート率アップカルテの活用法

それではリピート率を上げるという目的を落とし込んだ「リピート率アップカルテ」について説明します。

リピート率アップカルテは、「新規のお客様に3回来店いただくことができれば、約80％の確率で固定化する」という「3回固定化の法則」の考え方をベースに作成しています。

基本的な雛型は、184ページの通りです。

ポイント1は「次回来店日の予測」を記入させることで、「お客様により満足を提供して必ずリピートしていただく」ということを強く意識させるとともに、その結果に対する自己評価を行なうことで、自分の仕事に責任を持たせるという目的があります。

ポイント2は、サンキューレターや来店促進DMの送付状況を記入することで、新規客を担当する責任の重さを常に意識させることが目的です。

♣ 新規客1人の大切さを理解させる

ポイント3の目的は、スタッフが得意なタイプのお客様、不得意なタイプのお客様、それぞれの傾向を具体的にして、その対策を検討するための資料として活用します。

ポイント4は、自身の取り組みを評価させて、よりレベルの高いサービスを提供させるのが目的です。

新規客1人を獲得するための販促費用は、5000円とも6000円ともいわれています。リピート率アップカルテを導入することで、「新規客を担当するスタッフのミッション」をあらためてスタッフ全体で再確認しておきましょう。

「失客率ダウンカルテ」で甘えを防ぐ

常連顧客の失客、それが意味するところは、「これ以上通い続けてもムダ」と見限られたということです。

「いつも通りでいいですか？」「伸びた分のカットでいいですか？」といったおざなりなカウンセリングや、「カット以外の施術はアシスタント任せ」といった仕事ぶり。こうした常連顧客に対する担当スタッフの甘えが、根底にあります。

♣ 常連客に対するスタッフの甘えを防ぐ

常連顧客への甘えを防ぎ、常に緊張感を持って接することを目的としたツールが「失客率ダウンカルテ」（186ページ）です。カルテには、お客様の個人情報を記載します。

一般的に、労働生産性を高めるために、メインとなる施術は主担当が担当し、その他の施術はアシスタントに任せるケースが多いはずです。そこで、ヘルプを任せるアシスタントがお客様の満足度を下げることがないような配慮が必要となります。

♣ お客様情報を共有して満足度を上げる

お客様をヘルプスタッフに任せるにあたり、技術や接客の注意事項、雑誌・飲み物・会話の好みの他、さまざまなお客様情報をカルテに記入しておきます。そして「アシスタントは、ヘルプに入る際には必ずカルテに目を通すこと」をルール化しておきます。その結果、はじめてヘルプに入ったお客様であったとしても、「お飲み物はいつもと同じでよろしいですか？」と伺い、さりげなくお好みの雑誌に取り替える、といったワンランク上のサービスを提供できるようになります。

ポイント①は失客とは無関係ですが、重要な欄です。

ポイント②は、常連顧客に対して仕事がマンネリ化しないように注意を促し、「失客」を予防します。実際に使った量を必要最小限に減らすよう指導した上で、薬液使用量を毎回記入することをルール化しておきます。これにより、年間でかなりの経費節減につながります。

リピート率アップカルテ（表）

顧客コード		お客様名	様	お誕生日	月　日	世代　代	（男・女）
ご住所	〒			Mail		TEL	
初回来店日	年　　月　　日	担当		施術メニュー		施術料金	
平均来店周期	カット　ヶ月	カラー　ヶ月	パーマ　ヶ月	その他（　　　　　）　ヶ月			

ポイント1

2度目来店予定	年　　月　　日頃	予定メニュー		来店結果	来店日　月　日	□ 来店なし
3度目来店予定	年　　月　　日頃	予定メニュー		来店結果	来店日　月　日	□ 来店なし
4度目来店予定	年　　月　　日頃	予定メニュー		来店結果	来店日　月　日	□ 来店なし

<DM送付状況>

ポイント2

サンキューDM	送付日	月　日	（□ 来店あり　月　日）	□ 来店なし
来店促進・DM	1回目　送付日	月　日	（□ 来店あり　月　日）	□ 来店なし
来店促進・DM	2回目　送付日	月　日	（□ 来店あり　月　日）	□ 来店なし
来店促進・DM	3回目　送付日	月　日	（□ 来店あり　月　日）	□ 来店なし
来店促進・DM	4回目　送付日	月　日	（□ 来店あり　月　日）	□ 来店なし
来店促進・DM	5回目　送付日	月　日	（□ 来店あり　月　日）	□ 来店なし

ゲストタイプ分析

ポイント3

髪に対する関心度　5
性格　5 ――――0―――― 5　世代
5
ルックス

ゲストタイプ
- □ 独身　□ 既婚
- □ 学生　□ フリーター
- □ OL（会社員）　□ 派遣
- □ パート主婦
- □ 有職主婦
- □ 自営　□ 会社役員

ゲスト・トータルタイプ
- □ コンサバ系（　　）
- □ エレガント系（　　）
- □ モード系　（　　）
- □ フェミニン系（　　）
- □ マニッシュ系（　　）

その他・備考

2度目リピート 自己予測	□ 5（90%）　□ 4（80%）　□ 3（70%）　□ 2（60%）　□ 1（50%以下）	
3度目リピート 自己予測	□ 5（90%）　□ 4（80%）　□ 3（70%）　□ 2（60%）　□ 1（50%以下）	
4度目リピート 自己予測	□ 5（90%）　□ 4（80%）　□ 3（70%）　□ 2（60%）　□ 1（50%以下）	
ルックス	□ 5　派手系	□ 4　上品系	□ 3　カジュアル系	□ 2　庶民系	□ 1　地味系
性格	□ 5　活発	□ 4　少し活発	□ 3　普通	□ 2　少し控えめ	□ 1　控えめ
髪に対する関心度	□ 5　非常に高い	□ 4　高い	□ 3　少し高い	□ 2　普通	□ 1　低い
世代	□ 5　50代以上	□ 4　40代	□ 3　30代	□ 2　20代	□ 1　10代

リピート率アップカルテ（裏）

＜再来店アップの自己評価＞

ポイント4

（レーダーチャート：カウンセリング 5／技術 5／接客・サービス 5／総合自己評価 5、中心0）

＜カウンセリング＞
- □1　お客様の悩み、希望に対して十分に耳を傾けた
- □2　お客様の悩み、希望に基づき提案を行なった
- □3　スタイル・カラー等、具体的に説明を行なった
- □4　料金、施術内容の説明を十分に行なった
- □5　ホームケア、スタイリングアドバイスを行なった

＜接客・サービス＞
- □1　ポイントごとに、お客様に声かけを行なった
- □2　節度のある態度、言葉使いを心がけた
- □3　感謝の気持ちを込め、誠心誠意努力を行なった
- □4　お客様の顔に毛髪等がついていないか確認した
- □5　次回来店のお願いとともに笑顔でお見送りをした

＜技術＞
- □1　イメージを共有できた
- □2　痛くない、熱くないよう注意した
- □3　施術中に、技術の解説を行なった
- □4　次回提案、来店日提案を行なった
- □5　お客様の希望をスタイルに反映できた

＊総合自己評価　　□5（90%OK）　□4（80%OK）　□3（70%OK）　□2（60%OK）　□1（50%以下）
＊技術、接客・サービス、カウンセリング自己評価は、5項目中、取り組みを行なった項目数の合計をチャートに記入してください
＊チャート及び（□）チェックは、初回（赤）2度目（青）3度目（黒）で記入してください

＜施術において特に心がけたポイント＞

＜初回＞	＜2度目＞	＜3度目＞

＜接客・サービスにおいて特に心がけたポイント＞

＜初回＞	＜2度目＞	＜3度目＞

＜　その他 備考欄　＞

失客率ダウンカルテ（表）

☐ 女性希望	☐ 男性希望		☐ 希望なし		担当指名			☐ フリー
顧客コード		お客様名		様 お誕生日		月　日	世代　代	（男・女）
ご住所	〒				Mail		TEL	
初回来店		年　月	平均来店周期	カット　ヶ月	カラー　ヶ月	パーマ　ヶ月	その他（　　）ヶ月	
顧客情報		ご趣味		ご職業		ご出身	血液型　型	☐ 未婚　☐ 既婚
髪の悩み		☐ ダメージ	☐ ハリ・コシ	☐ ボリューム	☐ 白髪	☐ くせ	☐ その他（　　）	
シャンプー		☐ 強め	☐ 普通	☐ 弱め	☐ 熱め	☐ 普通	☐ ぬるめ	マッサージ ☐ 強め ☐ 普通 ☐ 弱め
体質		☐ アレルギー	☐ かぶれやすい	☐ 問題なし		空調・加温機	☐ 暑がり ☐ 普通 ☐ 寒がり	
お好みの雑誌					お好みの飲み物	（春）	（夏）　（秋）	（冬）

家族情報	母親	父親	配偶者	ご兄弟	ご兄弟	お子様	お子様	お孫様	お孫様	ペット
お名前										
年齢										
ご職業										
お誕生日										

＜薬剤使用量＞*必ず記入すること(あまった場合は次回の適正量を必ず記入し、限界最小限の使用量まで引き下げ続ける)

リタッチ	g	g	g	g	g	g	g	g	g
全頭	g	g	g	g	g	g	g	g	g
パーマ液	ml	ml	ml	ml	ml	ml	ml	ml	ml
その他									

＜お好みの話題と会話のタブー＞

＜技術注意点＞

＜接客・サービス注意点＞

＜ヘルプ＞
☐ シャンプー可　☐ マッサージ可　☐ カラー(☐ すべて可　☐ 一部可)
☐ パーマ(☐ すべて可　☐ 一部可)
☐ ストレート(☐ すべて可　☐ 一部可)　☐ スタイリング(☐ すべて可　☐ 一部可)
☐ できる限り自分で担当　☐ 上記のヘルプは任せられる　☐ 全般的にヘルプは任せられる

＜ヘルプ注意点＞

＜その他・備考＞

失客率ダウンカルテ（裏）

顧客コード	お客様名	様

ポイント2

年　　月　　日　担当 メニュー　　　　　施術料金	<お客様満足・総合自己評価>		
	技術がマンネリになっていないか？	□はい	□いいえ
	接客がマンネリになっていないか？	□はい	□いいえ
	前回のスタイルに対する不満を確認したか？	□はい	□いいえ
	本日の施術のポイントを説明したか？	□はい	□いいえ
	家庭でのスタイリングアドバイスをしたか？	□はい	□いいえ
	お客様に喜んでいただけたか？	□はい	□いいえ
	次回もご来店いただくことができそうか？	□はい	□いいえ
	備考		

ポイント1

カラー剤使用量　　　　　g　　適量・多い（　　　g）	
パーマ液使用量　　　　　ml　　適量・多い（　　　ml）	

年　　月　　日　担当 メニュー　　　　　施術料金	<お客様満足・総合自己評価>		
	技術がマンネリになっていないか？	□はい	□いいえ
	接客がマンネリになっていないか？	□はい	□いいえ
	前回のスタイルに対する不満を確認したか？	□はい	□いいえ
	本日の施術のポイントを説明したか？	□はい	□いいえ
	家庭でのスタイリングアドバイスをしたか？	□はい	□いいえ
	お客様に喜んでいただけたか？	□はい	□いいえ
	次回もご来店いただくことができそうか？	□はい	□いいえ
	備考		

カラー剤使用量　　　　　g　　適量・多い（　　　g）	
パーマ液使用量　　　　　ml　　適量・多い（　　　ml）	

年　　月　　日　担当 メニュー　　　　　施術料金	<お客様満足・総合自己評価>		
	技術がマンネリになっていないか？	□はい	□いいえ
	接客がマンネリになっていないか？	□はい	□いいえ
	前回のスタイルに対する不満を確認したか？	□はい	□いいえ
	本日の施術のポイントを説明したか？	□はい	□いいえ
	家庭でのスタイリングアドバイスをしたか？	□はい	□いいえ
	お客様に喜んでいただけたか？	□はい	□いいえ
	次回もご来店いただくことができそうか？	□はい	□いいえ
	備考		

カラー剤使用量　　　　　g　　適量・多い（　　　g）	
パーマ液使用量　　　　　ml　　適量・多い（　　　ml）	

6 「年間スタイル提案カルテ」で信頼関係を強固にする

年間の月次データを見ていただければすぐわかりますが、行事やイベントが多い月は、客数・売上とも多く、行事やイベントが少ない月は、客数・売上とも少ないという傾向があるはずです。つまり、「消費者の多くは、行事やイベントに合わせて美容室を利用する傾向がある」ということです。そこで、会話の中で、お客様の今後の行事やイベントの有無、その内容を尋ね、長期的なスパンで、それぞれのシーンに合わせてヘアスタイルの打ち合わせをお客様と一緒に行なっていけば、次のようなメリットが生まれます。

♣ ① お客様との信頼関係がこれまで以上に強くなる

年間スタイル提案は、お客様の行事やイベント、季節に合わせて、お客様と一緒に今後のヘアスタイルを考える「お客様を主人公」とした取り組みです。その結果、お客様との信頼関係がこれまで以上に強まります。

また、長期的なスパンで、お客様と一緒に今後のヘアスタイルを考えるということは、お客様と暗黙のうちに長期来店の約束を交わすようなものです。その結果、失客の減少へとつながります。

♣ ② 提案を受け入れていただきやすくなる

来店当日に急な施術提案をしても、お客様にも都合がありますから、受け入れていただけないことも多いはずです。一方、数ヶ月先のお客様のイベントに合わせたスタイル提案なら、お客様に時間的余裕があり、心理的に提案を受け入れやすい状態となります。また、お客様が来店されてからヘアスタイルを考える接客スタイルとは異なり、前もってスタイルの打ち合わせを行なっていることで、来店からスタイル決定までの時間を大幅に短縮することができます。

何より、数ヶ月前からスタイルの打ち合わせをしていたことで、お客様がそのスタイルに十分に納得してくださるというのが、大きなメリットです。

7 「技術レター」でリピート率を確実に上げる

はじめて来店いただいたお客様に対して「サンキューレター」を送っている美容室も多いと思います。

サンキューレターは、お客様の感情に訴え、共感していただき、ファン客へと導くことを目的とした「エモーショナルマーケティング」という手法の一環で、美容業界に限らず、あらゆる業界で話題となりました。

✤ **サンキューレターでは、お客様の心は動かない**

その結果、消費者のもとには、多くのサンキューレターが届くようになり、もはや、サンキューレターで消費者の心を捉えることが難しくなっています。

どんなにすぐれたマーケティング手法であったとしても、消費者が美容師に求めている最大のウォンツは、「もっと私をきれいにしてほしい」「もっと私を輝かせてほしい」ということのはずです。

ということは、「私は、あなたをキレイにして喜んでいただきたい」と本気で考えていることがお客様に伝われば、リピート率は確実に上がるといえます。

✤ **「本気であなたをキレイにします」で心が動く**

はじめて行った美容室からサンキューレターが送られてくることは、消費者にとって想定の範囲内のはずです。想定の範囲内のできごとに対して、人は感動することはありません。

では、はじめて行った美容室の担当スタッフから、来店のお礼とともに、今回の施術の解説や、スタイル提案、そして、年間スタイル相談シートといった、192・193ページのような資料が送られてきたとしたら、お客様はどう感じるでしょうか？

「いままでこんなことをしてくれた美容師は見たことがない」「本気で、私のことをキレイにしようとしてくれる美容師だ」と思うはずです。そして、技術レターという想定外の手紙を生まれてはじめて手にしたお客様の脳裏に、一生忘れられない美容師として、しっかりと記憶されます。効果は実証済みです。お客様の反響を実感してください。

189

年間スタイル提案カルテ（表）

□ 女性希望	□ 男性希望	□ 希望なし		担当指名				□ フリー	
顧客コード		お客様名	様	お誕生日		月 日	世代 代	（男・女）	
ご住所	〒				Mail			TEL	
初回来店	年 月	平均来店周期		カット ヶ月	カラー ヶ月	パーマ ヶ月		その他( ) ヶ月	
顧客情報	ご趣味		ご職業		ご出身		血液型 型	□ 未婚 □ 既婚	
髪の悩み	□ ダメージ	□ ハリ・コシ	□ ボリューム	□ 白髪	□ くせ	□ その他( )			
シャンプー	□ 強め	□ 普通	□ 弱め	□ 熱め	□ 普通	□ ぬるめ	マッサージ	□ 強め □ 普通 □ 弱め	
体質	□ アレルギー	□ かぶれやすい	□ 問題なし		空調・加温機		□ 暑がり □ 普通 □ 寒がり		
お好みの雑誌				お好みの飲み物		（春）	（夏）	（秋）	（冬）
家族情報									
その他情報									

<ヘルプ全般各種注意事項>

お客様の不満足要因を必ず押さえておきます

( )年度 お客様イベント	パーマ・カラー等スタイル提案内容	施術	料金	来店周期
1月 日	□ 提案			
2月 日	□ 提案			
3月 日	□ 提案			
4月 1日 お誕生日	□ 提案			
5月 日	□ 提案			
6月 日	□ 提案			
7月 日	□ 提案			
8月 日	□ 提案			
9月 日	□ 提案			
10月 日	□ 提案			
11月 日	□ 提案			
12月 日	□ 提案			

施術内容がずっと同じではありませんか？提案をしていますか？

( )年度 お客様イベント	パーマ・カラー等スタイル提案内容	施術	料金	来店周期
1月 日	□ 提案			
2月 日	□ 提案			
3月 日	□ 提案			
4月 1日 お誕生日	□ 提案			
5月 日	□ 提案			
6月 日	□ 提案			
7月 日	□ 提案			
8月 日	□ 提案			
9月 日	□ 提案			
10月 日	□ 提案			
11月 日	□ 提案			
12月 日	□ 提案			

誕生日（各種イベント）はスタイルチェンジのきっかけとなります。メッセージカードなどのサプライズは感動を与えます

年間スタイル提案カルテ(裏)

(　　)年度　お客様イベント	パーマ・カラー等スタイル提案内容	施術	料金	来店周期
1月　　日	□提案			
2月　　日	□提案			
3月　　日	□提案			
4月　1日　お誕生日	□提案			
5月　　日	□提案			
6月　　日	□提案			
7月　　日	□提案			
8月　　日	□提案			
9月　　日	□提案			
10月　　日	□提案			
11月　　日	□提案			
12月　　日	□提案			

> 季節にあわせ、カラーチェンジ提案等でお客様の「美」への関心を高いレベルで維持するように心がけましょう

(　　)年度　お客様イベント	パーマ・カラー等スタイル提案内容	施術	料金	来店周期
1月　　日	□提案			
2月　　日	□提案			
3月　　日	□提案			
4月　1日　お誕生日	□提案			
5月　　日	□提案			
6月　　日	□提案			
7月　　日	□提案			
8月　　日	□提案			
9月　　日	□提案			
10月　　日	□提案			
11月　　日	□提案			
12月　　日	□提案			

> 各種イベントを踏まえ、お客様と一緒に年間ヘアデザインプランを検討することでより一層の信頼が芽生えるとともに、失客が大幅に減少します

(　　)年度　お客様イベント	パーマ・カラー等スタイル提案内容	施術	料金	来店周期
1月　　日	□提案			
2月　　日	□提案			
3月　　日	□提案			
4月　1日　お誕生日	□提案			
5月　　日	□提案			
6月　　日	□提案			
7月　　日	□提案			
8月　　日	□提案			
9月　　日	□提案			
10月　　日	□提案			
11月　　日	□提案			
12月　　日	□提案			

技術レター(表)

「もっと素敵なあなたらしさ」を見つけるお手伝いをさせていただきます

本日は、ご来店いただきましてありがとうございました。今後さらにご満足いただけるスタイルをご提供するためにも、今回の施術カルテを同封いたしました。
今後のスタイルの参考にさせていただきますので、次回ご来店の際には、今回のヘアスタイルのご感想をお聞かせくださいませ。

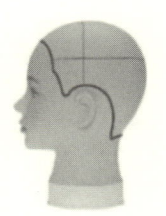

施術日　　年　　月　　日　担当＿＿＿＿＿＿＿

○○様　＜hair-data＞
＜毛量＞　多い　やや多い　普通　やや少ない　少ない
＜髪質＞　太い　やや太い　普通　やや細い　細い
＜くせ＞　強い　やや強い　弱い　なし
＜ダメージ＞　強い　やや強い　弱い　なし

【今回の施術解説】

【今後のご提案】

【メンテナンスのご案内】
その時は気にならなかったけれど、もう少し前髪が短いほうがよかったなど、カットはもちろん施術におきまして少しでも気になる点がございましたら、遠慮なくご連絡くださいませ。
責任を持ってお直しさせていただくとともに、今後のデザインの参考とさせていただきます。

技術レター(裏)

季節、イベントを考慮した、あなただけの年間トータルヘアデザインをご提案いたします。いつも輝いているあなたをヘアデザインでサポートさせていただきます。			
イベントのご予定	イベント内容	ご希望・ご要望	ヘアスタイルの方向性・提案
1月(上・中・下)旬			
2月(上・中・下)旬			
3月(上・中・下)旬			
4月(上・中・下)旬			
5月(上・中・下)旬			
6月(上・中・下)旬			
7月(上・中・下)旬			
8月(上・中・下)旬			
9月(上・中・下)旬			
10月(上・中・下)旬			
11月(上・中・下)旬			
12月(上・中・下)旬			
お誕生日や各種記念日、イベントに合わせMORE HAPPYなあなたをサポートさせていただきます			

年間トータルヘアデザイン提案の参考とさせていただきます。よろしければ、ご記入の上ご来店の際にお持ちくださいませ

CHAPTER
9

伸び悩みスタッフを生み出さない！スキルアップ教育の前に知っておきたいこと

1 勝ち残りのキーワードは「お客様満足第一主義」

売上を上げる方法を模索していらっしゃるオーナーに、ここで質問をさせていただきます。「売上を上げる目的は何のため？ 誰のためですか？」

もしかして、自分達の利益の追求だけが目的ではありませんか？

もしオーナーが、お客様の立場であるとすれば、売上アップの犠牲となるのは、決して気分がよいことではないはずです。スタッフがさまざまな提案を行なっても、お客様に受け入れてもらえないとしたら、それは、その提案が「お客様に喜んでいただきたい」という純粋な想いに基づくものではなく、「売上を上げたい」という本心をお客様が感じ取っているからです。

♣ 消費者は「売上第一主義」に共感しない

「数字に追われ、売上目標を達成するための提案」と、「お客様にもっと喜んでいただきたいという、美容師としての本心からの提案」、お客様がどちらの提案を歓迎するかは、いうまでもありません。

そして、スタッフの多くは、「お客様をキレイにし て喜んでもらいたい」という純粋な気持ちで美容業界に入ったはずです。売上第一主義に基づいたサロンワークは、スタッフにとって楽しくやりがいがあるものでしょうか？

お客様が求めているのは「お客様満足第一主義」。そして、スタッフが本当に提供したいのは「お客様満足」。両者の理想は「お客様満足」というキーワードで完全に一致するはずです。「売上第一主義」と「お客様満足第一主義」、どちらの考え方に立てば、よりよい結果を導きやすいのか、明らかなはずです。

♣ 「売上」とは「お客様満足の結果」

すでにお伝えしてきたように、売上とは「お客様満足の結果」です。繁栄美容室へと導くための絶対的要因は「高いレベルの満足を提供するスタッフと導く」こと。この取り組みに手をつけなければ繁栄へとはないということに気がついていただけるはずです。

すべてがうまくいく「お客様満足第一主義」

「売上第一主義」の美容室では……

「売上」 ＝ 「客数 × 客単価 × 来店頻度」

客数を増やすために	➡ 新規集客に力を入れリピート率を上げようとする
客単価を上げるために	➡ プラスメニュー提案、新メニュー・新商品を模索
来店頻度を高めるために	➡ 予約の早割などで来店頻度を高めようとする

「お客様満足第一主義」の美容室では……

「売上」 ＝ 「お客様満足の結果」

客数を増やすために	➡ お客様満足レベルを上げる、口コミ紹介を増やす、失客を減らす
客単価を上げるために	➡ お客様をより「きれいに」「かっこよく」を提案
来店頻度を上げるために	➡ 美容室を訪れることがこれまで以上に楽しみとなる

	お客様の気持ちは?	スタッフは?	オーナーは?
「売上第一主義」	・売上アップの犠牲にされたくない	・数字に追われ楽しくない ・求めるサロンワークが行ないにくい	・数字で評価しがちで人間関係が殺伐とする傾向
「お客様満足第一主義」	・うれしい(悪い気はしない)、応援(口コミ)したくなる	・楽しくやりがいがある ・美容師としてのミッションを再確認できる	・お客様とスタッフの笑顔が増え、店内の雰囲気が穏やかになる

2 伸び悩みスタッフを生み出す原因

高収益サロンは、総じてスタッフのレベルが高いことは、皆さんご承知の通りです。では、なぜスタッフのレベルが高いかといえば、高収益サロンでは、スタッフ教育に相当な力を入れているからです。

♣ 繁栄サロンがスタッフ教育に力を入れる理由

高収益サロンは、消費者が美容室に求める最大のものが「高いレベルの満足」であるということを、十分すぎるほど理解しているのです。

このように話しますと、「予算がない」「時間がない」とおっしゃるオーナーもいらっしゃいます。たしかにその通りかもしれません。しかし、スタッフ教育に力を入れている美容室は、予算や時間に余裕があるから教育に力を入れているわけではありません。スタッフのさらなるスキルアップこそが「高いレベルの満足提供」へとつながり、それが最終的に「売上」に表われるということに気がついているからこそ、スタッフのレベルアップに真剣に取り組んでいるのです。

♣ 「ソフト教育」で、お客様満足度アップ

一般的な美容室は、スタイリストデビューするまで、カリキュラムに沿ってスタッフ教育を行ないます。教育するのはいいのですが、問題は、カリキュラムの多くが「技術レベルの向上」「提案力」といった、技術以外のソフトを伸ばすものがないことです。その結果、スタッフのカウンセリング・提案スキルは低いまま——これが、伸び悩みスタッフを生み出す最大の原因です。

カウンセリング力が低いということは、お客様が思い描くイメージを汲み取る能力や、イメージを共有する能力が低いということです。提案力が低いということは、お客様の「もっと綺麗になりたい」という欲求を満たすような提案ができないことを意味します。いずれも、お客様の満足につながらないことになってしまうのです。

198

伸び悩みスタッフを生み出す背景

技術習得が中心の偏った教育システム

↓

カウンセリング力、提案力などお客様満足度を高めるための教育が不十分

↓

「スタイリスト合格後」のスキルアップ教育に力を入れない

↓

「自己流」で身につけた、独自のカウンセリング、提案、サロンワーク

↓

お客様満足度を高める教育が欠けているために、低いレベルで成長がストップ

↓

問題点、改善点等お客様満足度を高めるための情報交換をしないサロン風土

↓

- ☐ その都度、毎回完結型の仕事
- ☐ 提案しない受け身型の仕事
- ☐ いつも通り、想定内の仕事
- ☐ 独りよがりカウンセリング
- ☐ 特徴がなくオールマイティーの仕事
- ☐ 学ぼうとしなくなり、成長がストップ
- ☐ 客単価が上がらない
- ☐ 売上が伸びない理由は、景気やライバル店など第三者のせい

3 先輩スタッフの成長が止まると店は衰退期に入る

スタイリストに昇格すると「これから先は、もう何も教育することはない」と考え、スタイリストに昇格したスタッフに、さらなるスキルアップの教育プログラムが用意されていないことが、伸び悩みスタイリストを生み出す原因です。

❋ **カウンセリング能力は、キャリアに比例しない**

一般的に、スタイリスト経験が長くなるにつれて、指名顧客を担当する比率が高くなり、新規客を担当する機会が減少します。その結果、新規客に次のようなカウンセリングをしがちです。

ヘアカタログやカラーチャートを提示することもなく「何センチ切りますか？」「パーマは強めがいいですか？ 弱めがいいですか？」「カラーはどんな色にしますか？」と聞く。料金を明示しない。施術中は、お客様にもっとキレイに輝いていただくための情報を提供することもなく、世間話ばかり。

このように、はじめて担当する新規客に対しても、常連の指名顧客と同じように接してしまう傾向があります。

新規客に対する「カウンセリング力・提案力」と、指名顧客に対する「カウンセリング力・提案力」の質は、まったく異なります。新規客を担当する機会が減少したことで、「カウンセリング力・提案力」が低下しがちです。

❋ **店の繁栄は、スタッフレベルに比例する**

次世代のサロンワークを手本に成長するアシスタントは、先輩のサロンワークを手本に成長します。手本となる先輩スタイリストのレベルが高ければ、必然的にアシスタントのレベルも高くなります。ところが、スタイリストのレベルが低ければ、アシスタントのレベルも低いままにとどまります。これが、サロンの繁栄が、スタッフレベルに比例する理由です。したがって、先輩スタイリストのレベルをさらに上げることこそが、スタッフ全員のレベルを上げることへとつながるのです。

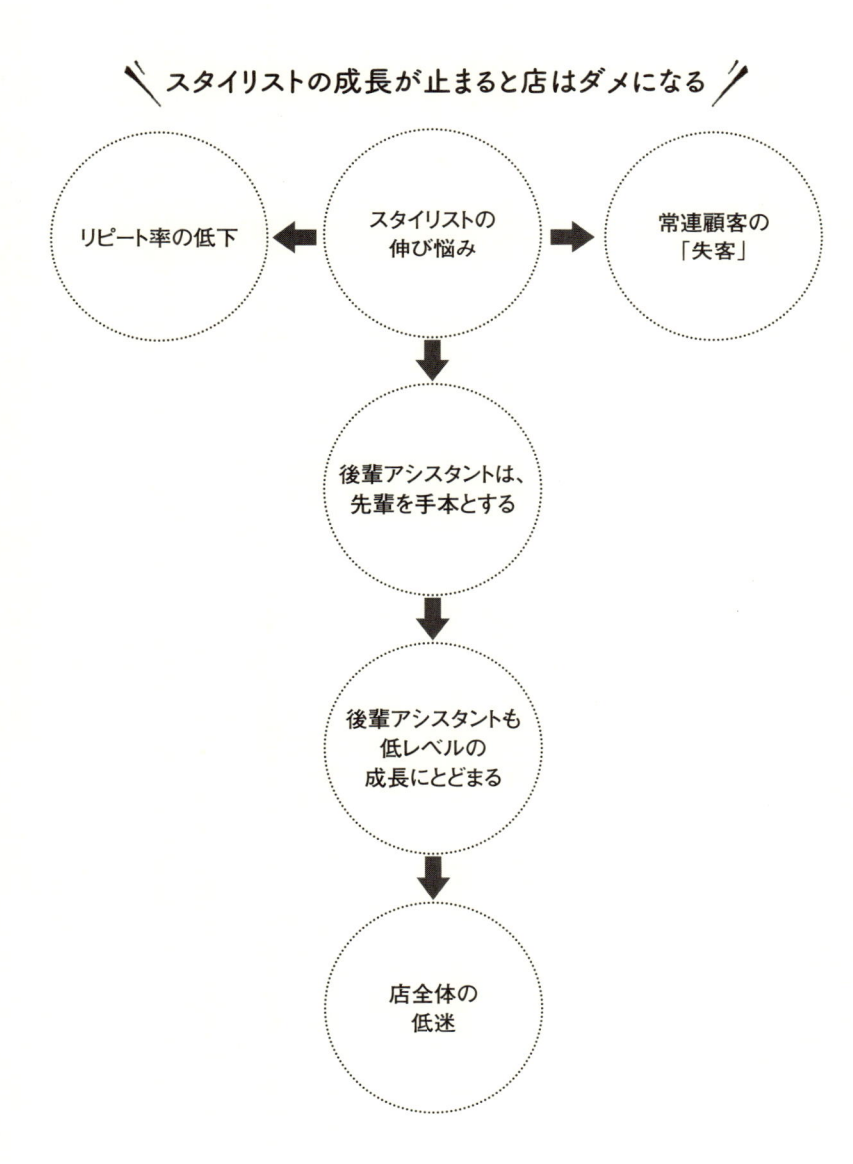

スタイリストの成長が止まると店はダメになる

- スタイリストの伸び悩み
  - → リピート率の低下
  - → 常連顧客の「失客」
- ↓
- 後輩アシスタントは、先輩を手本とする
- ↓
- 後輩アシスタントも低レベルの成長にとどまる
- ↓
- 店全体の低迷

激戦時代を勝ち残る最強の戦略

左上のアンケートの調査結果をご覧ください。行きつけの美容室がある消費者に対して、満足度に関して調査したものです。

注目すべき点は、「行きつけとなったきっかけ」は、なんと45％が「口コミ・紹介」であるという事実です。

♣ 常連客の約44％が、満足していない

注目すべきは、「行きつけの美容室であるのにもかかわらず、約44％ものお客様が、満足していない」という点です。つまり、「定期的に来店いただいている常連顧客の44％が、何らかの不満を持っている」という、驚きの結果です。ということは、常連顧客であっても、もし不満を解消してくれる美容室があれば、そちらに足を運ぶ可能性がある"潜在的失客予備軍"といえるのです。

同じお金を支払うのであれば「より、満足できるところに足を運ぶ」のは、消費者にとって当たり前の行動です。不満を持ち続けたまま、同じ美容室へと通い続けなければならない理由は何もないはずです。

左下は、行きつけの美容室がある消費者を対象に、

♣ 他店に満足していない"失客予備軍"を集める

その店に足を運んだ理由について調査したものです。

この2つの調査結果からいえることはなんでしょうか。行きつけの美容室に満足していない"失客予備軍"を口コミ・紹介によって集客するという、ライバル店にとって脅威となる、最強の圧倒的勝ち残りの戦略を導き出すことができます。

「口コミは信頼性が非常に高い」ということについては、あらためていうまでもないでしょう。「どこかいい美容室知らない？」「○○美容室がおススメ。だって……」このように口コミ・紹介をしてもらうためには、スタッフの成長を平均レベルで立ち止まらせてしまってはなりません。「普通によい」「普通に満足」では、口コミ・紹介につながることがないばかりか、常連客をつなぎ止めることもできないのです。

202

9章● 伸び悩みスタッフを生み出さない！スキルアップ教育の前に知っておきたいこと

常連顧客の44％が仕上がりに不満を持っている

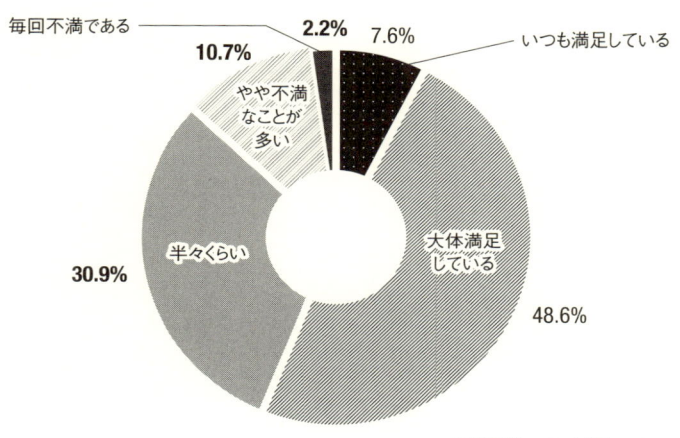

- いつも満足している 7.6%
- 大体満足している 48.6%
- 半々くらい 30.9%
- やや不満なことが多い 10.7%
- 毎回不満である 2.2%

資料提供　ネットリサーチ

「行きつけとなったきっかけ」は？　45％が口コミ・紹介

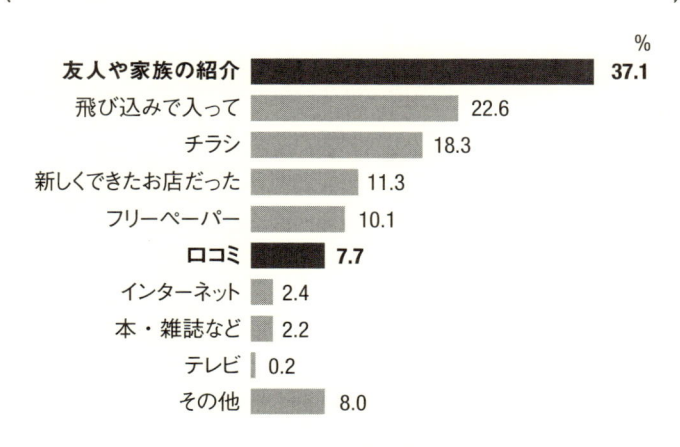

	%
友人や家族の紹介	37.1
飛び込みで入って	22.6
チラシ	18.3
新しくできたお店だった	11.3
フリーペーパー	10.1
口コミ	7.7
インターネット	2.4
本・雑誌など	2.2
テレビ	0.2
その他	8.0

（複数回答）　資料提供　ネットリサーチ

「7:4:2:1:0」の法則

お客様の満足度とリピート率との関係を表わした「7:4:2:1:0」という法則をご存じでしょうか。スタッフのスキルアップ教育を行なう上で、とても参考になる法則のはずです。

♣ 「普通に満足」＝「リピート率4割」

ご来店後のお客様の満足度調査で、トータルサービスに対して「とても満足」と答えたお客様のうち、実際にリピートする確率は約7割。「満足」と答えたお客様がリピートする確率は約4割。「普通」と答えたお客様がリピートする確率は約2割。「やや不満足」と答えた方がリピートする確率はわずか1割。そして「不満足」と感じた方がリピートする確率はゼロ。

オーナーがこの法則を理解しておけば、「はじめて担当したお客様にご満足いただいたはずなのに、リピートにつながらない」と悩むスタッフに対して、次のような具体的な指導ができるはずです。

「『とても満足』という最高レベルのサービスを提供したとしても、リピート率は7割。つまり、リピート率の最高レベルである7割を目標とするのであれば、10人のお客様を担当した場合、そのすべてのお客様に『とても満足』と言っていただくレベルの仕事をしなければならない」

また、スタッフのリピート率が2割程度であるとすると、そのスタッフが提供しているのは「普通」レベルのサービスであるということです。

♣ めざすのは「とても満足」

どんなに新規客を集客しても、どんなに売上アップのノウハウを学んでも、スタッフが提供するサービスに対するお客様の評価が「普通」「やや不満足」「不満足」であれば、リピートにつながる確率は低いということなのです。

勝ち残るには、「普通に満足」を提供するスタッフレベルに終わるのではなく「とても満足」を提供するスタッフへと導く必要があるということを、再確認してください。

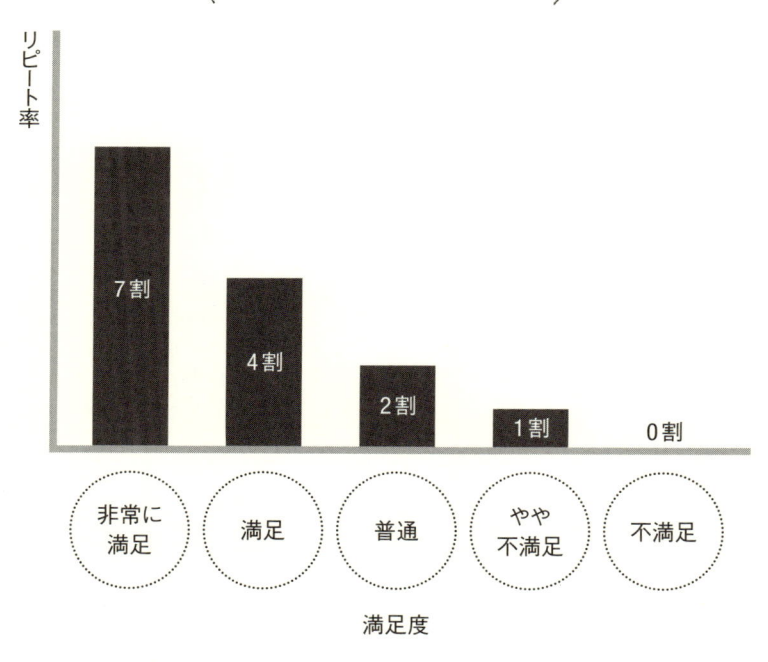

9章 ● 伸び悩みスタッフを生み出さない！スキルアップ教育の前に知っておきたいこと

「7：4：2：1：0の法則」

リピート率

- 非常に満足：7割
- 満足：4割
- 普通：2割
- やや不満足：1割
- 不満足：0割

満足度

- ✓ お客様を「非常に満足」させたとしても、リピート率は7割にすぎない
- ✓ 「普通レベルの満足」にとどまれば、リピート率は、わずか2割という厳しい現実

満足　　　　　　　　　　　不満足

6 満足の提供の前に、不満足要因を取り除く

「お客様に満足していただく」、ミーティングでよく使われる言葉です。ところが、満足を提供しようとする前に、まずは、「不満足要因」を取り除く必要があります。いうまでもなく、不快感や不満を抱いたお客様に満足していただけるはずがありません。「あるべき当たり前のサービス」が、当たり前に提供されなかった場合には、「○○美容室のスタッフは最悪だった」と、生涯忘れない記憶として刻まれることも珍しくありません。

それだけでは終わりません。その出来事を第三者に話さずにはいられないのです。その結果、悪しき評判が口コミで広がることになります。

「お客様にとっての当たり前を当たり前に提供する」。言葉では簡単ですが、不満足要因はとてもたくさんあるために、継続的に取り組み続けなければならないテーマとなります。この問題が難しい最大の理由は、スタッフ本人が、自身が提供している不満足要因に気がついていないということです。

そこで、アンケート調査やお客様目線に基づき現状の「不満足要因」を再検証した上で、全員で改善に取り組む仕組みを構築する必要があります。

✤ 感動が口コミにつながる

私の会社で調査したところでは、左ページのような不満がありました。日々、サロンで働く美容師にとって、気づきにくい点が多いように思います。

不満足要因に対して、期待していない、想定外の高い満足感を得るサービスのことを「満足要因」と言います。期待していない、想定外のサービスの提供を受けることで、お客様は「感動」を覚えます。

「お客様に感動を与えるスタッフへと導く」。これが、今後の勝ち残りのために重要なスタッフ教育のポイントとなります。

人は「感動」すると、その感動を誰かに話さずにはいられません。これが「口コミ」へとつながります。

不満足要因をなくすことなく、お客様満足はあり得ない

美容室で「不快に思った」経験はどんなことですか？ （複数回答可）

項目	割合
時間がかかる	43.5%
イメージと違う髪型になった	39.9%
予約をしたのに待たされた	16.7%
世間話がうるさい	15.9%
予算がわからない	12.6%
長く座って腰が痛い	11.6%
商品を押し売りされた	9.2%

その他の「不快に思った」経験

- □ ドライヤーの当て方が熱い
- □ 美容師の言葉使いが汚い
- □ いつも同じ髪型にされる
- □ 美容師の服装がだらしない
- □ 髪型がうまく伝わらない
- □ タオルが臭い
- □ クロスが汚い
- □ 服にカットした毛がたくさんついていた
- □ 顔についた髪の毛を丁寧に取ってほしい
- □ 機械的に聞かれる決まり文句がイヤ
- □ 話しかけてほしくない時に話すのは苦痛
- □ なれなれしくてイヤ
- □ 手がタバコ臭い
- □ ブラシが毛だらけ

50代・60代の女性138人アンケート　ジャパン・スタッフクリエイション独自調査

満足の提供の前に、不満足要因を取り除こう！

7 想定内の仕事では、感動は生まれない

担当したお客様に満足していただけたはずなのに、リピートにつながらない。お客様がとりわけ不満を感じることなく、満足いただいたつもりでも、お客様にとって想定内の付加価値の提供では、お客様の満足度は「普通」レベルとなりがちです。

♣ 「普通に満足」とは、「特別よくもない」ということ

「お客様の希望に徹底的に耳を傾け、希望通りのスタイルをつくることが、お客様満足を高め、より強い信頼へとつながる」と考えているスタッフがいます。ここで、頭に入れておいていただきたいのは、お客様の「想定内のこと」をどんなに提供したとしても、お客様は「満足」はしても、「感動」することはない、ということです。お客様がこれまで経験してきたと考えられる「想定内」のサロンワークは、お客様にとっては織り込み済みで新鮮味がないために、低いレベルの満足に留まってしまうのです。

「何センチ切りますか?」「伸びた分でいいですか?」

このような対応では、「もっとキレイになりたい」というお客様の潜在的欲求に応えられません。お客様の満足度が低いのは当たり前です。

何よりも、「もっとお客様にキレイを提案して喜んでいただきたい」という「プロ美容師」としての熱意と誠意を感じ取ることができない担当に対して、お客様が心を動かされるはずがありません。

♣ ポイントを押さえれば、リピート率は簡単に上がる

実は、新規客のリピート率を上げることは、コツさえ理解すれば、それほど難しいことではありません。そのコツとは「平均的なスタイリストのサロンワークと同じレベルの仕事をしない」ということです。

つまり、あえてお客様にとって想定外の、ワンランク上のサロンワークを行なうのです。そのことで、新規客の記憶に強く残る特別な存在となるのです。

208

「想定外のサービス」は「感動」につながり 「感動」は「口コミ」へとつながる

想定内のサービスを受けたとしてもお客様は感動しない。
ところが、期待していない想定外のサービスの提供を受けた場合には
高い満足感と感動へとつながる。

「期待していない特別のサービス」

⬇

「驚き」「感動」は「記憶に強く残る」

⬇

それを超える感動に出会うまで、一生忘れられない
「特別なサービスの尺度基準となる」

- □「感動」➡「誰かに伝えたくなる」➡「口コミ・紹介」

- □「感動」➡「いつまでも記憶に残る」

- □「美容師」として、一人のお客様を「感動」させることができれば、そのお客様は、会話の中で「美容師」という「キーワード」が出るたびに感動した美容師の話を「自発的に口コミ」する

- □「普通に満足レベル」では会話のネタにならない

8 口コミされるには、特徴をひと言で表現する

お客様が、お願いしますと「口コミ」でやってくる人気スタッフへと導く第一ステップは、得意分野・専門分野を明確にして「この指とまれ」とお客様に対して「伝える」ことです。

♣「専門分野」の確立はメインターゲットを定める

専門性の高い仕事をすればするほど、それが独自の「ウリ」となります。そして、口コミ紹介へとつながっていきます。わかりやすくいうと「近所だから」「いつも行っているから」と足を運ぶ美容室ではなく、ある特定の目的を解決したいお客様のために、より専門的でレベルの高い美容師になれば、それを求めるお客様が口コミで自然と集まるようになるということです。

♣ 独自の売りを明確にする

「焼きたてアツアツのピザを30分以内でお届けします」。このように、わかりやすく短い言葉で独自の一番のウリを凝縮した表現を「USP（ユニーク・セリング・プロポジション＝Unique Selling Proposition）」といいます。店やスタッフの特徴をひと言でわかりやすく表現するUSPがあると、口コミが広がりやすくなります。

以下の質問で、独自のUSPが完成するはずです。

① あなたが最も得意なお客様は、どんなお客様ですか？
② あなたの技術・サービスの特徴を書き出してください。
③ その中で、一番の売りは何ですか？
④ それは①に対してどんなメリットをもたらしますか？
⑤ あなたの技術・サービスでなければならない理由は何ですか？

USPとともに、美容師としての信念や、パーソナルな特徴を前面に打ち出し、知ってもらうことで、お客様の感情を刺激して、口コミ紹介の可能性が大きく広がります。

210

口コミを起こすには、"独自のウリ"が必要

「独自のウリ」
＝
「USP」
（ユニーク・セリング・プロポジション）

（例）「30分以内にできたてのピザを届けます」

USPを見つけるための5つの質問

①あなたにとって最も理想的な（得意とする）お客様は、どんなお客様ですか？

②あなたの技術・サービスの特徴を、思いつく限りすべて書き出してください

③その中で、一番のウリは何ですか？

④その一番のウリは①のお客様にどんなメリットをもたらしますか？

⑤ほかではなく、あなたの技術・サービスでなければならない理由は何ですか？

5つの質問にうまく答えられないときには……

⑥すぐに取り組み、導入可能なウリを早急に検討する

⑦既存のあり方をグレードアップしてウリにする方法を考える

⑧今後の目指す姿を明確にして共感を得る

9 口コミされるスタッフには信念がある

TV番組でおなじみの「全国から助けてくださいと、患者がやって来る、脳の病の最後の砦」と呼ばれる脳外科医、上山博康氏をご存じの方も多いと思います。私たち美容師にとって非常に参考になる、上山先生の言葉をご紹介します。

「私が知る、すべての方法を駆使して患者を治したい」

患者さんのためにここまでいってくださる先生が、全国にどれだけいらっしゃるでしょうか？

これらは、技術に裏づけられた自信があるからこその言葉であるかもしれません。しかし、この言葉のすべてに「プロとしての信念」を感じるはずです。

そして、このような先生ならば、全国から「先生お願いします」と患者さんが押し寄せるのも頷けるはずです。

♣ 美容師としての信念を伝えているか？

では、上山先生のフレーズを美容師に置き換えてみると、どうなるでしょうか。

「私が蓄積したすべての経験を駆使して、あなたの魅力を引き出すことが、美容師としての私の仕事」

いかがでしょうか。貴店のスタッフは、このようにお客様に本気で想いを伝えているでしょうか？

ここまで本気で想いを伝えてくれる美容師は、そう多くはないはずです。

このように、自らの主義主張を明確にして、「この指とまれ」といわなければ、お客様には何も伝わりません。

お客様に対して、美容師としての主義や信念をはっきりと主張するということは、スタッフが自分の仕事に誇りと責任を持つことにつながります。

その主義、主張に共感してくださるお客様とは、これまで以上に強い信頼で結ばれるはずです。そして、「共感」が「ファン」、そして「口コミ」へとつながるのです。

212

9章 伸び悩みスタッフを生み出さない！スキルアップ教育の前に知っておきたいこと

旭川赤十字病院 脳外科医 上山博康氏の言葉

「患者の、ひとつしかない命。それを救うのが私の仕事」

「私が知る、すべての方法を駆使して患者を治したい」

「最後の最後まで患者と一緒に戦ってあげたい」

「私が助けなければ、誰がこの患者を助けるのか？」

上山氏語録を美容師に置き換えると……？

「お客様の1回しかない人生を、ヘアスタイルを通じて豊かに過ごしていただく」

「そのためのお手伝いをさせていただくことが、美容師としての私の仕事」

「私ができる、すべての方法を駆使して、もっとカッコよくしてあげたい」

「最後の最後まで、私がカッコよくしてあげたい」

「あなたの魅力を引き出せるのは、私しかいない」

10 スタッフの特徴を打ち出せばファン客が増える

♣「常連顧客は、失客しない」の勘違い

いつも通り満足いただいたはずなのに、常連客が突然、来店しなくなるケースがあるはずです。その理由は、どんなにすぐれたサービスを提供していても、お客様は繰り返し提供されることで、それが「あたりまえ・普通」となって何も感じなくなるからです。そして、これ以上通い続けても意味がないと、見限られてしまうのです。そうした失客を起こさない重要なポイントは「お客様」から「ファン」へと導くことです。

♣ 貴店のスタッフの名刺は、何か主張していますか？

常連客を「ファン」へと導くためには、スタッフの特徴や信念、パーソナルな情報を伝えることが重要なポイントとなります。

そのための重要なツールのひとつが「名刺」です。よく、店名と名前だけのシンプルでスタイリッシュな名刺を見かけますが、その名刺は、スタイリストの情報を何ひとつ発信していないはずです。

伸び悩みスタイリストと、売上が多いスタイリストとの決定的な違いは、「ファンの数」です。多くの伸び悩みスタイリストは、常連客を「ファンへと導く取り組み」をほとんど行なっていません。

テレビのグルメ番組で、料理人の信条やこだわりが放映されます。視聴者は、普段は知ることのない情報を知ったことで、会ったことがないにもかかわらず、親近感を抱きます。料理だけが紹介されたとしたら、それほどの親近感をいだかないはずです。

つまりお客様は、日常あまり聞くことのないスタッフのパーソナルな情報を知ることで、親近感を持つのです。そして、強い親近感を抱いたお客様は、やがて「ファン客」へとつながりやすくなります。こちらから発信しなければお客様には伝わらないので、名刺はもとより、HPのスタッフ紹介などあらゆるツールを有効活用しましょう。

214

名刺 表

季節にあわせて、あなたをもっと輝かせるヘアデザインを提案します

hair oashis

あなたの、気がついていない魅力を引き出し
「8歳若く」を提案させていただきます

帽子がトレードマーク
「8歳若く」を提案するスタイリスト　　渡部　淳一

お客様の声　季節やありたい姿、見られたいイメージに耳を傾けてくれて、新鮮なヘアデザインを提案してくれるので、毎回とても楽しみです。

ご予約TEL　0120-33-5676

名刺 裏

■「8歳若く」をテーマに、がんばり過ぎない、あなたらしさのご提案

　季節を先取りした、最も輝くヘアデザインを提案させていただきます
　季節を先取りした、ヘアカラーとスタイルを提案させていただきます

■「8歳若く」のポイントはマンネリのヘアスタイルにしないこと

　ヘアスタイルが変われば気分も変わります。元気になります
　それこそが、8歳若くの秘訣なのです

■「8歳若く」のポイントはメリハリと高さとツヤ

　ハリコシの悩みは8歳若くの大敵。おまかせください。パーマで解決します

❗ 名刺の「捨てられにくい」という特徴を利用して、口コミにつながるコンテンツを落とし込む

スタッフが成長するために必要なこと

最後に、サロンオーナーのための、スタッフスキルアップ教育のポイントをまとめておきます。

♣ ①オーナーが本気になる

サロンの改革は、オーナーが先頭に立って進めない限り、スタッフ側から動き出すことはありません。問題を先送りすればするほど、問題は大きくなる傾向があります。

♣ ②スタッフが納得できる「崇高な大義」を打ち出す

オーナーの都合を最優先にした教育は、スタッフが求めるマインドに合致せず、教育を受けるスタッフのモチベーションが上がらず、思うような結果を得られにくい傾向があります。

「美容師としての崇高な大義」である「お客様満足第一」を教育の根幹に定めることで、スタッフのプロ美容師としてのプライドを刺激しましょう。

♣ ③教育のテーマを「スタッフの幸せ」と定める

スタッフは、「崇高な大義」とともに、自分にとってプラスになると判断できた場合に、本気になります。

ほとんどのスタッフが本当に学びたいテーマは、売上を上げるための小手先のノウハウではなく、多くのお客様に支持され、将来に対して不安のない報酬を得るための、具体的な方法です。それこそが、スタッフが本当に学びたいテーマなのです。

♣ ④「楽しい」を最優先させる

「お客様第一主義」のもとに全体で取り組むことで、店内の風通しがよくなり、スタッフが生き生きとサロンワークを行なうようになるはずです。そしてお客様の笑顔、感謝の声、そして「口コミ・紹介」も増えてくるはずです。辛いだけのサロンワークでは、誰もついてきません。「楽しい」「正直」「本物」に人は集まるのです。

216

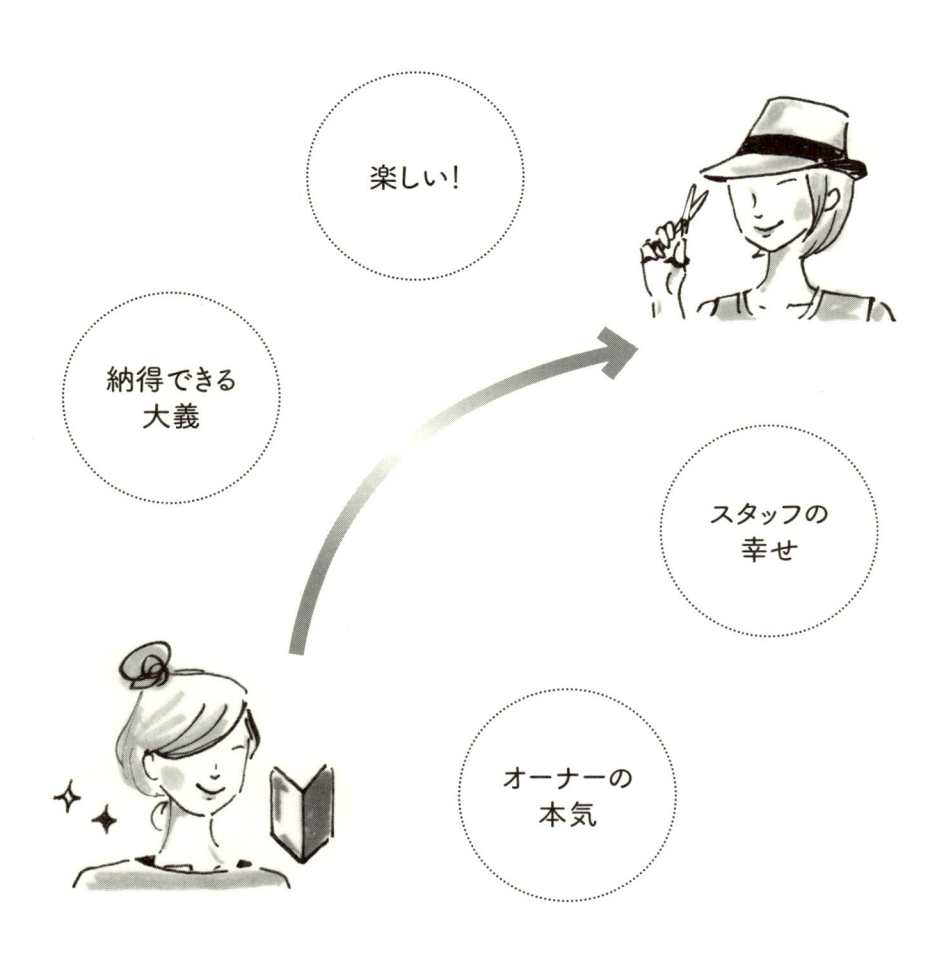

9章 ● 伸び悩みスタッフを生み出さない！ スキルアップ教育の前に知っておきたいこと

楽しい！

納得できる
大義

スタッフの
幸せ

オーナーの
本気

あとがきに代えて

開業したものの、思うように売上が上がらない。そこで何とか売上を上げようと、料金を値下げして集客し、常連顧客へと導こうと考えがちです。ところが、残念ながら、多くは思い通りにならないはずです。

「景気が悪い」「消費者の財布のヒモが固い」。たしかに、その通りかもしれません。しかし、一方では「たまには、プチ贅沢を楽しみたい」「たまには、ストレスを発散したい」と、連日にぎわう人気の繁盛店が、雑誌やテレビで紹介されています。そうです。消費者は、景気が悪くても「自分の心が喜ぶこと」に対しては出費を惜しまないのです。

「思うように売上が上がらない」理由を、景気やライバル店など、第三者のせいにして終わらせてしまっていませんか？

店舗のファサードや店頭看板は、通行人に季節感や新鮮さを与えていますか？
店内では、スタッフが笑顔で、きびきびと楽しくサロンワークを行なっていますか？
通行人が「いつか訪れてみたい」と思えるような美容室になっていますか？

本文でも書いたように、「売上とはお客様満足の結果」と私は定義しています。すると、売上が上がらない理由は、第三者ではなく「提供している付加価値に対する、お客様の満足度が低い」という、とてもシンプルな答えが導き出されるはずです。そして、お客様の満足度が低い理由は、スタッフの成長が低迷し、次のステージへとステップアップできずにいるということです。この状況から脱却するためには、小手先のノウハウを模索するのではなく、スタッフのスキルアップ教育という本質に取り組むことが課題であるはずです。

「時間がない、資金的に余裕がない」とおっしゃる方もいらっしゃいます。しかし、スタッフのスキルアップに力を入れているオーナーがすべて、時間や資金に余裕があるわけではありません。「スタッフのスキルアップに力を入れなければ、勝ち残ることができない」と、強い危機感を持っているからこそ、力を入れているのです。

もしも、明るい将来の姿を見出すことができなくなっているとしたら、一度、謙虚に美容室経営の原点に戻ってみるとよいと思います。「お客様により高いレベルの満足を提供する」という取り組みが、お客様に歓迎されないはずがありません。そして、原点に立ち戻ることで、オーナーはもとより、スタッフにおいても、今の自分に何が欠けているのか、必ず気がつくはずです。

厳しい経営環境におかれている美容業界。「売上第一主義」の美容室がどんどん増え、オーナー

とスタッフの関係、スタッフ同士の関係もドライになってきているように思います。そして、オーナー、スタッフともに、心の奥底に惑いがある方が増えているように感じます。

「お客様満足度を上げることこそが、ご来店いただいたお客様を幸せに導き、それが、スタッフの幸せ、そしてサロンオーナーの幸せへと導く」

これが弊社の理念「幸せ三位一体」です。

最後になりますが、こんな時代だからこそ「お客様満足第一主義」に共感してくださる方々に、本書が少しでもお役に立てば幸いです。

そして、スタッフの幸せを心から願うサロンオーナーに、心よりエールを送ります。

「スタッフ・スキルアップ・教育研修で、サロン繁栄をサポート」

JSC美容室経営総合研究所　代表　やまうち　よしなり

プロフィール

やまうち よしなり（山内義成）
JSC美容室経営総合研究所代表

1963年鳥取県生まれ。美容室店長を経て、結婚を機に美容室開業を検討するも、資金的な理由で断念。美容師紹介事業を開始し、順調に軌道に乗せる。その後も美容室経営の夢を忘れられず、すべてをリセットして美容室開業を決意。出店を決意してはじめて「開業に関する知識」がないことに気づく。試行錯誤の結果、繁盛店として軌道に乗せることに成功。
2003年、「同じ経験をしてほしくない」と経験者独自の視点で「美容室開業セミナー」を開始。美容室経営に関する、講習や経営相談に関わる。美容師・美容室オーナー・コンサルタントとして、長年の経験をもとに独自の「スタッフ・スキルアップ教育手法」を確立。
美容室オーナーのための情報交換を目的とした「地域一番満足サロン研究会」を主宰。「スタッフ・スキルアップ教育研修」「新入社員教育研修」「スタッフ教育カリキュラムの作成」などにより、サロン経営をサポートしている。
美容師・美容室オーナー・コンサルタントとしての実績に裏づけられた講演は、「説得力がある」「明日からすぐに取り組める」など、受講者の96％から「満足」の評価を得ている。

■連絡先
ご相談・お問合わせ受付専用電話：03-5477-0486
メール：info@biyoujsc.com
HP：http://www.biyoujsc.com

最新版 〝地域一番〟美容院　開業・経営のすべて

平成26年10月6日　初版発行

著　者　———　やまうちよしなり

発行者　———　中島治久

発行所　———　同文舘出版株式会社
　　　　　　　東京都千代田区神田神保町1-41　〒101-0051
　　　　　　　電話　営業03(3294)1801　編集03(3294)1802
　　　　　　　振替00100-8-42935
　　　　　　　http://www.dobunkan.co.jp/

©Y.Yamauchi　ISBN978-4-495-57362-1
印刷／製本：三美印刷　Printed in Japan 2014

JCOPY　＜(社)出版者著作権管理機構　委託出版物＞

本書の無断複写は著作権法上での例外を除き禁じられています。複写される場合は、そのつど事前に、(社)出版者著作権管理機構(電話 03-3513-6969、FAX 03-3513-6979、e-mail: info@jcopy.or.jp)の許諾を得てください。

DO BOOKS

あなたのやる気に１冊の自己投資！

6万人の美容師さんの店販売上をアップした
コンサルタントが教える
美容室「店販」の教科書
売り込みゼロで自然にオススメできる、店販の魔法！

佐藤康弘著／本体1,400円

高い商品をお勧めするのが苦手でも大丈夫！ サロンの商品がスイスイ自然に売れていく、コスト０円で1000万円の売上をつくる方法

一生お付き合いするお客様をつくる！
いつまでも通いたくなる
愛される美容室の繁盛メソッド
地域で愛される美容室になるためのしかけ

吉村省吾・杉山寛之著／本体1,600円

紹介を次々と生む、美容師の「技術・見た目・会話」の３つの魅力など、他店と圧倒的に差をつける「愛される美容室」のノウハウを一挙公開！

小さなサロンだからこそできる 開業、集客、固定客化のノウハウ
お客様がずっと通いたくなる
小さなサロンのつくり方
エステ・アロマ・ネイルの癒しサロンをはじめよう

向井邦雄著／本体1,700円

オープン前の集客方法、お客様との信頼関係を築くツールのつくり方など、開業4年で売上7.5倍、リピート率９割を誇るサロンが秘密を公開！

同文舘出版

※本体価格には消費税はふくまれておりません。